O Caminho dos Espíritos
Xintoísmo: do Ser ao Sagrado

Haruki Nishimura

Título Original:
The Way of the Spirits – Shinto: From the Self to the Sacred
Copyright © 2024, publicado por Luiz Antonio dos Santos ME.
Este livro é uma obra de não-ficção que explora práticas e conceitos no campo da espiritualidade e da cultura japonesa. Através de uma abordagem sensível e contemplativa, o autor revela a sabedoria do Xintoísmo e seus ensinamentos sobre harmonia, natureza e espiritualidade cotidiana.
1ª Edição
Equipe de Produção
Autor: Haruki Nishimura
Editor: Luiz Santos
Capa: Studios Booklas / Ayame Design
Consultor: Takashi Nakamura
Pesquisadores: Carolina Fujiwara / Kenji Sato / Mayumi Tanaka
Diagramação: Felipe Santos
Tradução: Ana Hoshino

Publicação e Identificação
O Caminho dos Espíritos –Xintoísmo do Ser ao Sagrado
Booklas, 2024
Categorias: Espiritualidade / Cultura Japonesa
DDC: 299.56 – Religião xintoísta
CDU: 299.561 – Xintoísmo, Ritos e Tradições

Todos os direitos reservados a:
Luiz Antonio dos Santos ME / Booklas
Nenhuma parte deste livro pode ser reproduzida, armazenada num sistema de recuperação ou transmitida por qualquer meio — eletrônico, mecânico, fotocópia, gravação ou outro — sem a autorização prévia e expressa do detentor dos direitos de autorais.

Sumário

Índice Sistemático 5
Prólogo 11
Capítulo 1 Caminho dos Kami 15
Capítulo 2 Origem Ancestral 22
Capítulo 3 Natureza Sagrada 28
Capítulo 4 Ritos de Pureza 34
Capítulo 5 Espaços Sagrados 41
Capítulo 6 Oferendas e Preces 47
Capítulo 7 Festivais Sazonais 53
Capítulo 8 Deuses Protetores 59
Capítulo 9 Altar Doméstico 65
Capítulo 10 Religião Cotidiana 71
Capítulo 11 Papéis do Sacerdote 77
Capítulo 12 Sacerdócio Feminino 83
Capítulo 13 Danças Sagradas 90
Capítulo 14 Sons e Símbolos 96
Capítulo 15 Ritos de Passagem 102
Capítulo 16 Caminho da Família 109
Capítulo 17 Harmonia Comunitária 115
Capítulo 18 Virtudes do Coração 121
Capítulo 19 Educação e Caráter 127
Capítulo 20 Trabalho como Oferenda 133

Capítulo 21 Caminho da Prosperidade.................................... 140
Capítulo 22 Círculo das Estações... 147
Capítulo 23 Santuários no Exterior.. 153
Capítulo 24 Conversão Silenciosa 159
Capítulo 25 Sabedoria Ancestral... 165
Capítulo 26 Caminho Interior 171
Capítulo 27 Beleza como Caminho 177
Capítulo 28 Espírito da Gratidão 183
Capítulo 29 Caminho da Harmonia 189
Capítulo 30 Eternidade dos Kami 195
Capítulo 31 Sabedoria dos Ciclos 201
Capítulo 32 O Legado Vivo 207
Epílogo 212

Índice Sistemático

Capítulo 1: Caminho dos Kami - Apresenta o Xintoísmo como um caminho de percepção da espiritualidade no cotidiano, na natureza e na relação entre o ser humano e o cosmos.

Capítulo 2: Origem Ancestral - Explora as origens míticas do Xintoísmo, desde o surgimento dos primeiros kami até a criação do mundo e a relação entre deuses e humanos.

Capítulo 3: Natureza Sagrada - Descreve a visão xintoísta da natureza como manifestação do divino, onde cada elemento possui espírito e força vital, e a relação entre os seres humanos e o ambiente é de reverência e gratidão.

Capítulo 4: Ritos de Pureza - Explica a importância da pureza no Xintoísmo, não apenas física, mas também espiritual, e os ritos de purificação como misogi e harae, que buscam restaurar a harmonia e a conexão com os kami.

Capítulo 5: Espaços Sagrados - Descreve os santuários xintoístas (jinja) como espaços de morada dos kami, explicando seus elementos arquitetônicos, rituais e importância social como centros espirituais das comunidades.

Capítulo 6: Oferendas e Preces - Aborda a prática das oferendas e preces no Xintoísmo como expressões de gratidão e reverência aos kami, explicando os diferentes tipos de oferendas e a importância da sinceridade na comunicação com o divino.

Capítulo 7: Festivais Sazonais - Descreve os festivais sazonais (matsuri) como celebrações da comunhão com o ritmo natural do mundo e a presença dos kami, destacando o Ano Novo japonês (Shōgatsu) e outros festivais importantes.

Capítulo 8: Deuses Protetores - Explora a diversidade dos kami no Xintoísmo, com foco nos ujigami (deuses protetores de comunidades) e em outras divindades importantes como Inari, Hachiman e Tenjin, que atuam em diferentes aspectos da vida humana.

Capítulo 9: Altar Doméstico - Descreve o kamidana, o altar doméstico xintoísta, como um espaço sagrado nos lares, explicando sua importância, elementos rituais e práticas de oferendas e orações.

Capítulo 10: Religião Cotidiana - Explora como a espiritualidade xintoísta se manifesta no dia a dia dos japoneses, através de gestos, costumes e atitudes que refletem reverência, gratidão e respeito.

Capítulo 11: Papéis do Sacerdote - Descreve o papel dos sacerdotes xintoístas (kannushi) como guardiões dos santuários e realizadores dos ritos, destacando sua importância na manutenção da harmonia entre o visível e o invisível.

Capítulo 12: Sacerdócio Feminino - Explora o papel das mulheres no Xintoísmo, desde as antigas xamãs até as sacerdotisas modernas, destacando a importância do feminino na espiritualidade japonesa.

Capítulo 13: Danças Sagradas - Descreve a importância da dança (kagura) no Xintoísmo como forma de comunicação com os kami, explicando seus diferentes tipos, rituais e significados simbólicos.

Capítulo 14: Sons e Símbolos - Explora a linguagem não verbal do Xintoísmo, como sons (sinos, palmas, tambores) e símbolos visuais (torii, shimenawa, ofuda), que comunicam o sagrado e despertam a alma.

Capítulo 15: Ritos de Passagem - Descreve os ritos que acompanham as diferentes etapas da vida no Xintoísmo, como nascimento, infância, juventude, casamento e longevidade, celebrando a renovação e a continuidade da presença divina.

Capítulo 16: Caminho da Família - Descreve a importância da família no Xintoísmo como um espaço sagrado de cultivo dos valores da ordem, reverência e continuidade, onde os ancestrais são honrados e os laços são vividos com respeito.

Capítulo 17: Harmonia Comunitária - Aborda a importância da harmonia nas comunidades xintoístas, onde os santuários são centros de vida social e os kami protetores (ujigami) fortalecem o senso de pertencimento e cooperação.

Capítulo 18: Virtudes do Coração - Descreve as virtudes centrais do Xintoísmo, como sinceridade (makoto), pureza, respeito e retidão, que guiam o comportamento dos praticantes e promovem a harmonia interior.

Capítulo 19: Educação e Caráter - Descreve como os princípios do Xintoísmo influenciam a educação no Japão, moldando o caráter dos indivíduos através do exemplo, da disciplina, do respeito à natureza e do cultivo das virtudes.

Capítulo 20: Trabalho como Oferenda - Apresenta o trabalho como uma prática espiritual no Xintoísmo, onde a dedicação, a pureza de intenção e a beleza na execução das tarefas são formas de reverenciar os kami e buscar o equilíbrio.

Capítulo 21: Caminho da Prosperidade - Apresenta a visão xintoísta da prosperidade como resultado de viver em harmonia com a natureza e os kami, destacando a importância da gratidão, do respeito e da ética nos negócios e na vida cotidiana.

Capítulo 22: Círculo das Estações - Descreve a visão xintoísta do tempo como cíclico, marcado pelas estações do ano e pelos ritos que celebram a renovação da vida e a presença dos kami na natureza.

Capítulo 23: Santuários no Exterior - Explora a expansão do Xintoísmo para além do Japão, através da imigração e da criação de santuários em outros países, adaptando-se a novas culturas sem perder sua essência.

Capítulo 24: Conversão Silenciosa - Descreve o processo de conversão no Xintoísmo como uma experiência íntima e gradual, baseada na prática e na sintonia com os kami, sem exigências formais ou exclusividade.

Capítulo 25: Sabedoria Ancestral - Explora a importância dos mitos no Xintoísmo como fonte de sabedoria e ensinamentos sobre a natureza humana, a relação entre deuses e homens, e os princípios para uma vida em harmonia.

Capítulo 26: Caminho Interior - Descreve a importância da introspecção e da contemplação no Xintoísmo como forma de conexão direta com o divino, cultivando o silêncio, a presença e o "coração verdadeiro" (magokoro).

Capítulo 27: Beleza como Caminho - Explora a importância da beleza na espiritualidade xintoísta, não como ornamento, mas como forma de conexão com o sagrado, destacando os conceitos de wabi-sabi e a valorização da simplicidade, da imperfeição e da transitoriedade.

Capítulo 28: Espírito da Gratidão - Descreve a importância da gratidão no Xintoísmo como um estado contínuo de consciência e uma ponte entre o humano e o divino, permeando o cotidiano e as relações com os kami.

Capítulo 29: Caminho da Harmonia - Descreve a importância da harmonia (wa) no Xintoísmo como um estado de equilíbrio entre os seres humanos, a natureza e os kami, permeando as relações, os espaços e os ritos.

Capítulo 30: Eternidade dos Kami - Descreve a visão xintoísta do tempo como cíclico e da eternidade como uma presença contínua dos kami e dos ancestrais, que permanecem vivos em espírito e influenciam o presente.

Capítulo 31: Sabedoria dos Ciclos - Descreve a visão xintoísta do tempo como cíclico e a importância de viver em harmonia com os ciclos naturais, aprendendo com as estações do ano e aceitando a impermanência.

Capítulo 32: O Legado Vivo - Apresenta o Xintoísmo como uma tradição viva e presente no cotidiano, que continua a inspirar valores, práticas e uma forma de estar no mundo com reverência, harmonia e gratidão.

Prólogo

Há lugares no mundo onde o invisível não é ausência — é presença. Onde cada pedra, cada folha e cada sopro de vento carrega uma centelha do sagrado. O Japão é um desses lugares.

Num arquipélago insular que vive entre terremotos e silêncios, entre o rigor da disciplina e a leveza da contemplação, ergue-se uma civilização que resiste ao tempo não com força, mas com reverência. Uma nação que encontrou prosperidade não apenas nos arranha-céus ou nos avanços tecnológicos, mas, sobretudo, na delicadeza de um gesto, na profundidade de um rito, na harmonia com o que pulsa invisível.

Os japoneses vivem mais. Sorriem mais. Adoecem menos. Seus jardins falam em silêncio, seus santuários sussurram aos atentos. Por que? Seria isso apenas o reflexo de uma cultura funcional, de uma ética rigorosa, de uma estética refinada? Ou haveria algo mais profundo sustentando tamanha harmonia?

A resposta — como tudo que é sagrado — não está na superfície.

Este livro revela um segredo ancestral. Um segredo que não se esconde por medo, mas se protege pela sutileza. Porque não se trata de um sistema de crenças ou de um conjunto de regras. Trata-se de uma forma de ver o mundo. De sentir o mundo. De ser no mundo.

Descubra o que está por trás da longevidade japonesa. Desperte para a espiritualidade que permeia o cotidiano de milhões de pessoas que, mesmo sem se declararem religiosas, vivem em sintonia profunda com forças que transcendem o entendimento lógico.

Essa sabedoria milenar que aqui se apresenta não grita. Ela sussurra. Não impõe. Convida. Como o orvalho que se forma nas folhas antes do amanhecer, ela exige presença para ser percebida. E quando é percebida, transforma. Transforma o olhar, o gesto, o corpo, a casa, a vida.

Cada capítulo deste livro é um portal. Um torii simbólico que você atravessa para acessar não um outro mundo, mas uma outra forma de habitar este. Aqui, você será apresentado ao Xintoísmo não como uma religião exótica, mas como uma linguagem espiritual universal — um chamado à reconexão com a natureza, com os ancestrais, com o silêncio e, sobretudo, com o seu magokoro: o coração verdadeiro.

Não espere doutrinas. O que encontrará são revelações. Revelações surpreendentes sobre o modo como o espírito pode habitar a matéria, como o tempo pode ser circular, como o trabalho pode ser oferenda, e como o belo pode ser caminho.

O Xintoísmo, tal como aqui apresentado, não oferece promessas. Ele oferece práticas. Práticas simples, mas sagradas. A forma de lavar as mãos, de cruzar um portão, de olhar uma flor, de limpar o lar, de fazer silêncio — tudo pode ser ritual, tudo pode ser comunhão. Tudo pode ser caminho.

Há nesta obra um chamado à sensibilidade. Um convite para que você se torne não apenas leitor, mas devoto do instante presente. Para que reconheça, enfim, que não é necessário estar no Japão para viver como um japonês espiritual. Basta olhar ao redor com reverência. Basta respirar com consciência. Basta reconhecer que a folha que cai, o sol que nasce, a lágrima que escorre, tudo é manifestação de um divino que habita o cotidiano.

Este livro é uma oferenda. E ao lê-lo, você estará não apenas recebendo um conteúdo — estará entrando em sintonia com um campo vibracional que há séculos sustenta uma das culturas mais harmônicas do planeta. Você será conduzido por mitos fundadores, por danças sagradas, por rituais de pureza, por celebrações coletivas que não apenas entretêm, mas ensinam a viver com alma.

Não se engane: o que aqui se compartilha não é uma curiosidade etnográfica. É uma sabedoria que toca a alma humana em qualquer latitude. Em tempos de crise, velocidade e dispersão, este livro se apresenta como um refúgio. Mas mais que isso: como um recomeço.

Permita-se atravessar os portais invisíveis do sagrado. Permita-se ver com novos olhos. Permita-se ser tocado por uma espiritualidade que não separa o céu da terra, nem o espírito do corpo. Aqui, tudo é uno. Tudo é kami. Tudo é oportunidade de reconexão.

Ao final da leitura, você não será o mesmo. E o mundo, que já era sagrado, finalmente será reconhecido como tal por você.
Luiz Santos Editor

Capítulo 1
Caminho dos Kami

O mundo não é apenas um palco de matéria e movimento, mas um vasto campo onde o invisível sussurra por entre folhas, rios e brisas. O Japão ancestral, encravado entre montanhas vulcânicas e mares profundos, reconheceu há milênios esse sussurro. Dele emergiu uma das visões espirituais mais singulares e etéreas da humanidade: o Xintoísmo. Diferente das grandes religiões ocidentais ou dos sistemas filosóficos orientais, o Xintoísmo não se constrói com dogmas ou doutrinas impositivas. Ele não impõe uma verdade única, tampouco apresenta um salvador a ser seguido.

Em vez disso, oferece um caminho de percepção — uma trilha espiritual sensível, onde o sagrado se revela no cotidiano, nos ciclos naturais e na relação íntima entre o ser humano e o cosmos. É o Caminho dos Kami.

"Kami" é uma palavra que não se traduz com precisão. Alguns a interpretam como "deuses", outros como "espíritos", mas nenhuma dessas expressões alcança sua real profundidade. Kami são presenças, potências, consciências que se manifestam nas coisas e além delas. Uma montanha pode ser um kami; uma árvore antiga, um rio que serpenteia em silêncio entre pedras, a força bruta de um tufão, o brilho efêmero de uma flor de cerejeira ao cair, tudo isso pode conter ou ser um kami. Mas não apenas a natureza visível: ancestrais venerados, heróis do passado, fundadores de clãs, todos podem ascender a esse estado espiritual. O mundo, visto com olhos xintoístas, é profundamente animado — e não há separação radical entre o espiritual e o material.

Chamar o Xintoísmo de "religião" é, por vezes, reduzir seu espectro. É mais preciso compreendê-lo como um modo de estar no mundo, uma forma de relacionamento entre o ser e o invisível, entre o humano e o ambiente. Não há escrituras reveladas por deuses únicos e todo-poderosos, nem uma figura central a quem se deve adoração exclusiva. Também não há promessas de salvação eterna ou punições infernais. Há, antes, um convite à harmonia — wa — e à pureza — kiyome. A vida é vivida em sua plenitude, e o sagrado é uma continuidade do cotidiano, não sua negação ou transcendência.

O Caminho dos Kami começa com a atenção. Observar uma pedra, não como objeto, mas como presença. Sentir o vento e perceber sua alma. Ouvir a chuva, não como um som incidental, mas como um murmúrio que toca o espírito. Essa percepção, que se desenvolve com o tempo e com o cuidado, abre a alma para o mundo dos kami. Eles não gritam. Não se impõem. São como ecos que respondem à reverência sincera. O mundo, nesse sentido, torna-se não apenas um lugar para se viver, mas um santuário em si.

Esse caminho não exige fé cega. Exige sensibilidade. Exige integridade interior, conhecida como magokoro — o "coração verdadeiro", que se expressa em ações simples e sinceras. A reverência a um kami pode ser feita com um ramo de sakaki erguido com respeito, uma oração silenciosa sob uma cachoeira, ou mesmo com a postura cuidadosa ao limpar a entrada de casa. Tudo é expressão. Tudo é oferenda. E, por isso, tudo pode ser sagrado.

O Xintoísmo floresceu em um arquipélago onde as forças naturais são imensas e indomáveis. Os terremotos, tufões, tsunamis e erupções moldaram não apenas a geografia, mas o espírito do povo. Diante dessa natureza grandiosa e imprevisível, o ser humano não se impõe. Ele observa, reverencia e aprende a fluir. A espiritualidade dos japoneses, moldada pelo Xintoísmo, reconhece essa dependência do ambiente e desenvolve com ele uma relação de profunda gratidão e respeito. Daí o senso ecológico que emana da cultura tradicional: não é moda, é cosmovisão.

Quando se compreende que um rio tem espírito, poluí-lo se torna um sacrilégio. Quando se entende que uma montanha é morada de deuses, sua devastação é uma profanação. O Xintoísmo não precisou criar tratados ecológicos, porque sua visão já era ecológica em essência. A natureza não é "recursos" — é parentesco. Cada ser, cada planta, cada fenômeno é parte de uma grande família cósmica, onde o humano não ocupa um trono, mas um lugar de coexistência.

Essa sensibilidade, tão profundamente entranhada na cultura japonesa, transcende o tempo. Mesmo hoje, em meio a arranha-céus, luzes de neon e trens de alta velocidade, o Caminho dos Kami permanece. Um pequeno altar pode ser visto em uma esquina movimentada de Tóquio. Um torii solitário se ergue entre prédios, marcando a passagem para um santuário minúsculo, mas repleto de presença. Jovens ainda fazem oferendas silenciosas, idosos ainda reverenciam as árvores sagradas com mãos unidas. O moderno e o arcaico se entrelaçam, não em oposição, mas em continuidade.

No Xintoísmo, não há conversão. Ninguém se torna xintoísta porque assina um papel ou recita uma fórmula. Torna-se xintoísta ao viver com reverência. Ao agradecer pela refeição, ao purificar-se antes de entrar em um santuário, ao saudar o novo dia com respeito. É uma prática silenciosa, íntima e cotidiana. Muitos japoneses sequer se declaram religiosos, e no entanto, vivem o Xintoísmo em cada gesto. Isso confunde estudiosos ocidentais, acostumados com sistemas onde a identidade religiosa é uma etiqueta clara. No Japão, ela é fluida como a bruma sobre os arrozais ao amanhecer.

O Caminho dos Kami é, também, um caminho de pureza. Mas não no sentido moralista que o Ocidente costuma atribuir à palavra. A pureza no Xintoísmo refere-se à limpeza energética, à leveza do ser, à desobstrução da alma para que os kami possam se aproximar. Impureza, ou kegare, é tudo aquilo que perturba essa harmonia — tristeza profunda, morte, doença, caos emocional. Por isso, há tantos ritos de purificação, banhos, oferendas, preces e silêncios. O corpo, o ambiente e o espírito devem estar em consonância para que o sagrado se manifeste plenamente.

O mundo está cheio de kami, dizem os antigos. E de fato está. Mas é preciso olhos que veem, ouvidos que escutam e um coração que compreende. O Xintoísmo, ao contrário de muitas religiões, não deseja converter. Ele convida. Sua voz não grita, sussurra. E o que ela diz é simples, mas transformador: tudo é sagrado. Cada folha, cada lágrima, cada gesto pode ser um elo com o divino, se houver sinceridade e atenção. O Xintoísmo é uma arte de viver — e viver bem, com gratidão, respeito e encantamento.

O leitor ocidental que se aproxima desse caminho talvez o faça buscando respostas. Mas encontrará, antes, um espelho. E nele verá não o rosto de um deus que exige adoração, mas o reflexo de um mundo que aguarda ser reverenciado. A árvore que cresce no quintal, o rio que passa perto de casa, o céu ao amanhecer — tudo está impregnado da presença que os japoneses chamaram de kami. E o coração, ao reconhecer essa presença, também se transforma.

O Xintoísmo, portanto, nos convoca a um estado de atenção radical, onde viver é, essencialmente, um ato poético. Não se trata de buscar uma lógica transcendente ou uma explicação totalizante do universo, mas de cultivar uma escuta constante ao que vibra silenciosamente no real. Essa escuta não é apenas metafísica, mas ética: ela implica responsabilidade, humildade e reciprocidade com tudo o que vive e pulsa. Nesse sentido, o Caminho dos Kami não é apenas uma via espiritual, mas também um treinamento da sensibilidade — um aprendizado contínuo de como habitar o mundo com delicadeza e reverência. Ao contrário das tradições que veem o sagrado como algo distante ou reservado aos grandes templos, aqui o sagrado se insinua no ordinário, pedindo apenas um olhar desperto.

Essa maneira de estar no mundo não nega o sofrimento, mas o acolhe como parte do fluxo. As perdas, as ausências e as impurezas não são maldições a serem evitadas, mas estados a serem reconhecidos, purificados e atravessados com coragem e serenidade. O Xintoísmo não ensina a eliminar o caos, mas a restaurar a harmonia sempre que ela é rompida. A vida é vista como um campo dinâmico de forças, onde o papel humano é de constante harmonizador. Nesse processo, o ritual não é um formalismo vazio, mas uma prática vital, onde o corpo, o gesto e a intenção tecem pontes entre o visível e o invisível. Por isso, mesmo os atos mais simples — como lavar as mãos antes de uma prece — ganham densidade espiritual e poética.

Ao final, o Caminho dos Kami não aponta para um destino final, mas para uma jornada contínua de sintonia com o mundo. Uma jornada sem exigências de fé, mas rica em exigências de presença. Estar inteiro em cada instante, com o magokoro pulsando em cada gesto, é a oferenda mais profunda que se pode fazer. E quando esse coração verdadeiro se encontra com o mundo, o mundo responde. Não com milagres estrondosos, mas com a graça sutil de uma brisa que acaricia, de uma luz que filtra pelas folhas, de uma paz que brota sem motivo aparente. E então compreendemos: viver com os kami é, acima de tudo, uma arte de amar o mundo em sua inteireza.

Capítulo 2
Origem Ancestral

Antes que existissem reis, templos ou nomes, havia o vazio. Não o vazio da ausência, mas um vazio pleno de potência, onde o invisível fermentava em silêncio. Desse princípio ancestral, indistinto e misterioso, emergiram os primeiros kami. Não nasceram como humanos, tampouco assumiram formas definidas. Eram presenças, vibrações cósmicas, que habitavam o plano do invisível e deram origem ao que hoje é conhecido como o mundo.

As origens do Xintoísmo estão entrelaçadas com a mitologia japonesa registrada nos textos clássicos Kojiki ("Crônicas de Assuntos Antigos", compilado em 712) e Nihon Shoki ("Crônicas do Japão", concluído em 720). Essas obras não são apenas repositórios de mitos antigos — são expressões vivas de uma cosmovisão onde o espiritual e o físico são inseparáveis. Seus relatos não têm a pretensão de ser "história factual", como compreendida pelo pensamento moderno, mas revelam uma verdade mais profunda: a da conexão sagrada entre a terra, o povo e os deuses.

No princípio, quando o céu e a terra ainda não estavam separados, surgiram os primeiros kami celestes. Eles existiam no plano mais elevado da realidade, em uma morada conhecida como Takamagahara, o Alto Plano Celestial. Entre esses primeiros seres, destacam-se três kami primordiais: Ame-no-Minakanushi, Takamimusubi e Kamimusubi. Eles não agiram, não falaram, apenas existiram — silenciosos e sublimes, como arquétipos da criação.

Com o tempo, outros kami surgiram, e entre eles, finalmente, os deuses criadores da terra: Izanagi-no-Mikoto e Izanami-no-Mikoto. Suas figuras são centrais na cosmogonia xintoísta. Encarregados de formar o mundo físico, receberam das divindades celestiais uma lança sagrada cravejada de joias — a Ame-no-Nuboko. Posicionados na ponte entre os céus e o caos primordial, Ame-no-Ukihashi, mergulharam a lança no mar indistinto abaixo. Ao erguê-la, gotas viscosas caíram de sua ponta e se solidificaram, formando a primeira terra: a ilha de Onogoro-shima.

Foi ali que Izanagi e Izanami desceram, e ali se uniram para dar início à criação das demais ilhas do Japão, em um ritual que funde erotismo sagrado e fertilidade divina. A dança ao redor do pilar central, o encontro de olhares e palavras, a troca de energias masculinas e femininas — tudo simboliza a união de forças opostas e complementares. Dessa união nasceram as ilhas do arquipélago japonês e uma vasta linhagem de kami, cada um relacionado a aspectos naturais e sociais: mares, rios, montanhas, ventos, árvores, fogo.

Contudo, nem tudo fluiu sem tragédia. Ao dar à luz ao kami do fogo, Kagutsuchi, Izanami sofreu queimaduras fatais. Seu corpo foi consumido pela dor e pela morte, e ela desceu ao reino sombrio de Yomi, o mundo dos mortos. Izanagi, tomado pelo desespero, tentou resgatá-la, mas ao encontrá-la em decomposição, rompeu o pacto do silêncio e foi expulso daquele mundo por sua amada transformada em ira. A fuga de Izanagi de Yomi marca uma ruptura: a presença da morte no mundo, a impureza que contamina o vivo, e a necessidade de purificação.

Ao retornar ao mundo dos vivos, Izanagi realiza um ritual de purificação — o primeiro misogi — mergulhando em um rio para se livrar das impurezas contraídas no submundo. E é nesse momento que nascem os três deuses mais importantes do panteão xintoísta: Amaterasu-ōmikami (deusa do sol), de seu olho esquerdo; Tsukuyomi (deus da lua), de seu olho direito; e Susanoo (deus das tempestades e do mar), de seu nariz. Esses três deuses celestiais herdaram diferentes aspectos do cosmos e protagonizaram os dramas que moldariam a relação entre o divino e o humano.

Amaterasu, a mais reverenciada de todas, brilha não apenas como sol físico, mas como luz espiritual. Ela se torna a ancestral da família imperial japonesa e a fonte de legitimidade divina do trono. Sua morada em Takamagahara é um símbolo da ordem, da harmonia e da claridade. Seu mito mais célebre, no entanto, é o do retiro na caverna. Após um conflito com seu irmão Susanoo — marcado por destruição, agressão e desrespeito — Amaterasu se esconde em uma caverna, mergulhando o mundo em escuridão. O caos se instala, e todos os kami se reúnem para trazê-la de volta. Com danças rituais, risos e oferendas, conseguem atrair sua atenção até que ela espreita a entrada da caverna, curiosa. Nesse momento, um espelho é erguido, e ao ver seu reflexo, ela se encanta e sai. A luz retorna ao mundo.

Esse mito é mais do que um conto. Ele fala da importância da beleza, da celebração e da coletividade como formas de restaurar a ordem. Mostra que a luz pode ser perdida quando o desequilíbrio reina, e que a restauração exige arte, inteligência e comunhão.

A relação entre Amaterasu e os humanos é direta. Segundo a tradição, ela enviou seu neto, Ninigi-no-Mikoto, para governar a terra. A ele entregou três tesouros sagrados: o espelho (simbolizando sabedoria e introspecção), a espada (coragem e ação justa) e a jóia curva (benevolência e vínculo). Esses objetos, conhecidos como os Três Tesouros Imperiais, são ainda hoje símbolos do trono japonês. O bisneto de Ninigi, Jimmu Tenno, seria o primeiro imperador do Japão, estabelecendo a linhagem imperial diretamente descendente da deusa solar.

Essa ligação entre divindade e humanidade é crucial. Ela dissolve a separação rígida entre o sagrado e o profano. No Xintoísmo, o ser humano pode, através de ações virtuosas e vida íntegra, tornar-se um kami. Os ancestrais venerados, os heróis que marcaram a história de suas comunidades, os fundadores de clãs — todos podem ser elevados à condição espiritual. A morte não é o fim, mas uma transição. A ancestralidade é viva, presente, atuante. O culto aos ancestrais não é nostalgia, mas continuidade da presença espiritual no mundo.

A compreensão da origem mítica do Japão e dos deuses não é, pois, um exercício intelectual ou literário. É uma forma de viver em consonância com a verdade do cosmos, reconhecendo a sacralidade da terra, dos vínculos familiares, da ordem natural. Cada rito, cada gesto cerimonial, ecoa os passos de Izanagi, os ensinamentos de Amaterasu, o ardor de Susanoo. A tradição xintoísta não se distancia da mitologia — ela a atualiza a cada oferenda, a cada festival, a cada reverência feita com coração sincero.

Ao olhar para essa cosmogonia, percebemos que o Xintoísmo não busca uma separação entre o humano e o divino, mas sim uma rede contínua de relações, onde tudo o que existe é manifestação e extensão da energia primordial dos kami. Não há hierarquia rígida entre o céu e a terra, mas um fluxo constante entre os mundos, tecido por narrativas simbólicas que orientam o modo de ser, agir e pertencer. A memória ancestral se torna, portanto, um campo de revelações que ainda pulsa, ensinando que o passado não está encerrado — ele respira através das montanhas, dos rios e das práticas transmitidas de geração em geração. E é nesse entrelaçamento que o Japão, mais do que uma nação, revela-se como paisagem sagrada, moldada por mãos divinas e corações humanos em comunhão.

O nascimento dos deuses e das ilhas, os dramas míticos entre irmãos celestiais e o envio dos tesouros imperiais compõem uma tapeçaria que ancora o presente na eternidade. Ao invés de dogmas, o Xintoísmo oferece mitos-vivos, capazes de dialogar com o cotidiano, nutrindo a alma e o sentido de pertencimento. Cada relato mítico traz não apenas a gênese de um povo, mas uma pedagogia sutil sobre equilíbrio, coragem, reverência e purificação. Através dessas histórias, compreende-se que a criação não é um ato único e encerrado, mas um processo contínuo, que se refaz nos rituais, na ética e na estética do viver. O mundo, por essa ótica, não é um dado bruto a ser dominado, mas um dom a ser honrado.

Assim, retornar à origem é mais do que revisitar um tempo mítico — é reativar a escuta para o que sempre esteve presente: a sacralidade que permeia o mundo. O Xintoísmo ensina que somos filhos do céu e da terra, herdeiros da luz de Amaterasu e do clamor de Izanagi. Ao reconhecer essa herança, o ser humano se reintegra à ordem cósmica não como dominador, mas como cuidador e celebrante. A origem ancestral, longe de ser um ponto distante, é uma presença que sustenta o agora. E é nesse reconhecimento que o caminho espiritual se fortalece, permitindo que cada gesto, por mais simples que seja, se torne um eco da criação primordial.

Capítulo 3
Natureza Sagrada

A brisa que atravessa uma floresta antiga, o silêncio de um lago ao entardecer, o som distante das cigarras em um verão japonês — tudo isso não é apenas fenômeno natural. Para quem caminha o Caminho dos Kami, são manifestações diretas do sagrado. A natureza, em toda sua variedade e ritmo, não é objeto de contemplação apenas estética ou científica. É, acima de tudo, território espiritual. No Xintoísmo, a natureza não simboliza o divino — ela o contém. Essa percepção não é filosófica ou teórica, mas profundamente visceral. Viver segundo o Xintoísmo é viver imerso em um mundo onde cada pedra e cada folha carregam espírito.

O conceito que permeia essa visão chama-se shinrabanshō — uma palavra que, de forma abrangente, designa a totalidade das coisas do universo. Em seu âmago está a ideia de que tudo o que existe possui espírito, força vital, consciência. Nada é verdadeiramente inerte. Um rio que atravessa vales não é apenas água em movimento: ele possui alma, memória, vontade. Uma montanha não é mera formação geológica: é uma entidade sagrada, morada de kami antigos. Um pinheiro tortuoso que resiste à neve não é somente um vegetal resiliente, mas um mestre silencioso de equilíbrio e beleza.

Essa espiritualidade profundamente ecológica não é doutrinada. É vivida. Desde a infância, o japonês tradicional aprende a ver com respeito o que cresce, corre, voa, se move ou se transforma na paisagem. Os gestos cotidianos refletem essa reverência: o modo como se limpa um jardim, como se cruza um torii com a postura correta, como se escuta o som da chuva em silêncio. Tudo carrega intenção. E essa intenção é o que conecta o ser humano ao mundo invisível dos kami.

Dentre os inúmeros locais considerados sagrados, alguns se destacam como verdadeiros centros de poder espiritual. Montanhas como Fujisan, a venerada montanha Fuji, são não apenas marcos geográficos, mas pontos de interseção entre os mundos. A altitude, a forma simétrica, a presença imponente — tudo nela convida à reverência. Muitos peregrinos, ao escalar o monte Fuji, não o fazem por esporte ou desafio físico, mas como um ritual de conexão. A subida é uma ascensão interior, um reencontro com o coração da terra e do céu.

Rios como o Kamo, em Kyoto, carregam séculos de oferendas, de preces silenciosas, de banhos rituais. Árvores centenárias, como os grandes cedros encontrados em santuários como Toshogu ou Kumano, são envoltas com cordas de palha de arroz, chamadas shimenawa — sinal visível de que ali habita um kami. Tais árvores não são tocadas sem permissão. Suas raízes são respeitadas, seu espaço é mantido limpo, e sua presença é acolhida com solenidade.

Animais também participam dessa teia de significados. A raposa (kitsune) é mensageira de Inari, kami da fertilidade e da colheita. Veados, como os que vagam livremente pelo santuário de Nara, são considerados emissores dos deuses. Grous, carpas, serpentes, todos possuem significados espirituais que transcendem sua aparência. O respeito aos animais não é apenas moral — é ritual. Eles fazem parte da comunidade espiritual do mundo.

Mas não apenas os grandes elementos da natureza são reverenciados. O Xintoísmo ensina a ver o extraordinário no ordinário. Um bambuzal que dança ao vento, o musgo que cresce silenciosamente entre as pedras, a flor que floresce por poucos dias — tudo possui valor, tudo expressa uma lição. Essa sensibilidade estética e espiritual se revela na tradição do hanami, a contemplação das flores de cerejeira. Quando as sakura desabrocham, há um chamado coletivo à contemplação da beleza efêmera. Famílias se reúnem sob as árvores, celebram, cantam, brindam, mas sempre com uma nota de reverência. A flor que dura tão pouco ensina sobre a impermanência, sobre o valor do agora, sobre a beleza que não se prende.

Essa ligação com a natureza molda até mesmo a linguagem. Termos como mono no aware — a melancolia doce que nasce da consciência da transitoriedade — revelam uma alma que se emociona diante daquilo que não dura. O mundo natural, por ser instável e perecível, é também precioso. E por isso mesmo, profundamente sagrado.

Em muitos santuários, não há estátuas. Em vez disso, há uma pedra, um espelho, ou apenas o espaço vazio cercado por árvores. Isso não é ausência. É presença refinada. O kami não precisa de forma para existir. Ele se manifesta no som do sino, no aroma do incenso, no brilho da água corrente. A ausência de imagem é uma maneira de dizer: olhe mais fundo. Veja além da superfície. Sinta.

A contemplação da natureza, no Xintoísmo, é mais do que um hábito saudável. É uma forma de oração. Não há necessidade de palavras, de súplicas. O simples ato de estar diante do mar, de ouvir os pássaros ao amanhecer, de tocar a casca áspera de uma árvore milenar — tudo isso é expressão de religiosidade. E essa espiritualidade é acessível. Não exige templos monumentais, nem formação sacerdotal. Basta o coração atento. Basta a presença.

Essa visão moldou também a arquitetura, os jardins, as artes. Um jardim japonês tradicional não busca dominar a natureza, mas dialogar com ela. Pedras são colocadas com precisão não para exibir, mas para revelar o espírito do lugar. Lagos artificiais são feitos com tal harmonia que parecem naturais. Cada árvore é podada para florescer em sua forma mais autêntica. Nada é artificial — tudo busca a verdade da natureza.

A ecologia moderna, em sua busca por restaurar a conexão com a terra, encontra no Xintoísmo um modelo ancestral. O respeito à água, à terra, ao ar, ao fogo — elementos não como recursos, mas como parceiros — ressoa com força em um tempo de crise ambiental. O Xintoísmo nunca precisou proclamar um discurso ecológico porque sua essência já era ecologia: uma ética da interdependência, do cuidado e da reverência.

Nesse contexto, o praticante do Caminho dos Kami não se vê como dominador do mundo, mas como parte dele. Sua vida é uma dança entre o visível e o invisível, entre o gesto cotidiano e o sagrado profundo. Plantar, colher, limpar, preparar uma refeição — tudo isso pode ser ritual, se feito com consciência. O mundo não está morto, tampouco está ali para ser explorado. Ele é lar, é templo, é extensão do próprio corpo espiritual.

Ao reconhecer a natureza como espaço sagrado e não como recurso utilitário, o Xintoísmo convida o ser humano a repensar sua presença no mundo. A espiritualidade que emerge do contato com o musgo, com a brisa, com o brilho da lua, não é construída por meio de regras rígidas, mas brota de uma escuta sensível e de uma entrega silenciosa. Essa forma de religiosidade é íntima, porém coletiva; pessoal, mas universal. É no cuidado com o entorno — ao não pisar em flores silvestres, ao limpar uma pedra coberta de orvalho, ao recolher folhas caídas com leveza — que se revela o vínculo entre o visível e o invisível, entre o corpo e o espírito. Assim, o mundo natural torna-se também um espelho interno, onde cada ser vivo reflete possibilidades do nosso próprio modo de existir.

Essa espiritualidade ecológica, que nasce do encontro entre presença e paisagem, não anula as contradições ou as dores da existência. Ao contrário: ensina a acolhê-las com serenidade. A montanha que abriga o kami também pode ser deslizamento e tempestade. O mar que embala a contemplação pode virar tormenta. Mas mesmo o que fere não deixa de ser sagrado. No Xintoísmo, não se separa o belo do perigoso, o suave do potente — tudo é manifestação da força que permeia o universo. É nesse reconhecimento da totalidade que surge uma ética da humildade, onde o ser humano abandona a arrogância do controle e retorna ao papel de cuidador, aprendiz, hóspede de um mundo vivo. Cada estação do ano, cada ciclo da natureza, passa então a ensinar sobre equilíbrio, impermanência e renascimento.

Ser parte do Caminho dos Kami é aceitar o convite da natureza para dançar ao ritmo do cosmos. É permitir que o cotidiano seja atravessado por momentos de silêncio e atenção, onde o espírito pode respirar com o mundo. A espiritualidade que se revela ao escutar a água corrente ou ao contemplar a queda suave de uma folha não exige esforço — apenas presença. Nesse estado, o mundo revela sua face mais profunda, e o ser humano reencontra seu lugar não no topo, mas no centro de uma grande teia de relações sagradas. Assim, viver se torna arte, e a natureza, ao invés de paisagem, torna-se oração.

Capítulo 4
Ritos de Pureza

A alma do Xintoísmo repousa sobre um princípio silencioso, mas inflexível: a pureza. Não há prática, ritual ou conexão verdadeira com os kami que prescinda dela. No mundo xintoísta, o sagrado não se aproxima do que está em desordem, do que se encontra turvo, sujo ou desequilibrado. A aproximação do divino é possível apenas quando se limpa o que está obscurecido. E essa limpeza não se restringe ao físico. Ela se estende à energia, à mente, ao espírito. O que se busca é um estado de clareza, de leveza, de receptividade. Estar puro é estar afinado com a vibração dos deuses.

Mas é preciso compreender o que o Xintoísmo chama de impureza — kegare — para entender o valor da pureza — kiyome. Diferente das concepções religiosas ocidentais, onde o mal moral é frequentemente associado ao pecado, ao erro voluntário ou à violação de mandamentos, no Xintoísmo a impureza não carrega necessariamente culpa ou condenação. Ela pode ser consequência natural da vida. O nascimento, a morte, o sangue, a doença, o luto — todos esses estados geram kegare. Não por serem maus, mas por romperem o equilíbrio sutil entre o mundo visível e o invisível.

A impureza é como uma névoa que se acumula e afasta os kami. Eles não odeiam o impuro. Apenas se retraem diante dele. Por isso, a vida espiritual exige constante renovação. A pureza é um processo, não um estado fixo. Ela se alcança e se perde, e deve ser restaurada com constância, assim como se lava o corpo a cada dia. A sujeira espiritual é inevitável, mas também é facilmente lavada, se houver intenção e disciplina.

Entre as práticas mais emblemáticas do Xintoísmo está o misogi, o rito de purificação com água. Seu simbolismo é ancestral: a água, por sua fluidez e capacidade de escoamento, carrega embora as impurezas do corpo e da alma. O praticante se banha em rios, cachoeiras ou até mesmo com baldes de água fria, em um gesto que é ao mesmo tempo físico e espiritual. O corpo se enrijece com o frio, o coração se concentra, a mente silencia. Não há espaço para distrações. Cada gota que escorre é uma oferenda à harmonia que se deseja restaurar.

O misogi não exige grandes cerimônias. Pode ser feito sozinho, em silêncio, com respeito. Alguns grupos realizam rituais mais intensos, com cânticos, respiração ritmada, palmas ritmadas que despertam o espírito e preparam o corpo para o mergulho. A experiência é sempre profunda. A dor do frio cede lugar a uma clareza inusitada. O espírito desperta. A alma se abre.

Outro rito essencial é o harae, realizado por sacerdotes com o auxílio de objetos simbólicos, como o ōnusa (um bastão com tiras de papel branco, chamado shide, pendendo de suas extremidades). O sacerdote balança o bastão sobre uma pessoa, um objeto ou um local, dissipando a impureza acumulada. Esse movimento é acompanhado de palavras sagradas — norito — que invocam os kami da purificação e pedem que a harmonia seja restaurada. Harae pode ser feito em casas, carros, novas construções, ferramentas de trabalho. Tudo o que entra em contato com a vida pode, e deve, ser purificado.

Nas grandes cerimônias, como os festivais sazonais ou os ritos de passagem, o harae é parte indispensável da preparação. Ele antecede os gestos sagrados, garantindo que o ambiente espiritual esteja limpo e pronto para receber as divindades. O santuário deve estar limpo, os sacerdotes devem estar limpos, os participantes também. Não se trata apenas de higiene física — trata-se de uma frequência energética que deve ser mantida elevada, suave, transparente.

Mas há também uma pureza mais sutil: a pureza da atitude, da mente, da intenção. Viver com kokoro tadashiku — um coração correto — é uma forma de manter a alma pura. Evitar ressentimentos, agir com honestidade, respeitar o outro, agradecer pelas bênçãos recebidas — tudo isso são formas de purificação contínua. A raiva, a inveja, a arrogância, mesmo que não sejam manifestas em atos, obscurecem o espírito. O caminho do Xintoísmo exige vigilância interna. Não para gerar culpa, mas para manter a presença dos kami próxima.

O ambiente também é um reflexo da pureza interior. Um espaço limpo, organizado, belo — mesmo que simples — é mais do que um reflexo de estética. É um convite ao sagrado. Por isso, limpar a casa é também um ato religioso. Varre-se o chão como quem varre a alma. Arruma-se um cômodo como quem prepara um altar. A espiritualidade não se vive apenas no templo, mas em cada gesto feito com consciência.

Nos santuários, o cuidado com a limpeza é visível e constante. As pedras dos caminhos são lavadas, as folhas caídas são recolhidas, a madeira é polida, os objetos são substituídos regularmente. Não se deixa acumular a poeira do tempo. O que se busca é o frescor do instante presente. Os kami não habitam o velho e empoeirado — eles se movem onde há vitalidade e renovação.

Mesmo no vestir, o Xintoísmo cultiva a pureza. Os sacerdotes usam trajes brancos, símbolo da limpeza e da luz. O branco não é cor de ausência, mas de plenitude. É o espelho que reflete todos os tons, o pano que não esconde, o espaço aberto para a presença divina. Vestir-se de branco em um ritual é vestir-se de céu.

A alimentação, embora não codificada com proibições rígidas, também carrega implicações espirituais. Comer com atenção, agradecer antes e depois da refeição, evitar excessos, respeitar o alimento como oferenda da natureza — tudo isso mantém o corpo leve e o espírito atento. O alimento é energia. Aquilo que entra no corpo se torna parte da alma. E por isso, deve-se comer como quem realiza um rito.

Nos ritos de passagem, como nas cerimônias de nascimento, casamento ou chegada da idade adulta, a purificação é o primeiro passo. Não se atravessa um limiar sem antes lavar os resíduos do ciclo anterior. A nova etapa exige nova energia. O bebê é purificado para entrar neste mundo com bênção. O casal é purificado para unir suas almas em harmonia. O jovem é purificado para caminhar como adulto. A vida, no Xintoísmo, é feita de ciclos, e cada ciclo é reiniciado com a limpeza do anterior.

A pureza não é uma meta. É um processo constante. Uma prática diária. Um modo de viver. E nesse viver, o devoto se aproxima dos kami não porque deseja favores ou recompensas, mas porque deseja viver em consonância com a ordem invisível do mundo. O Xintoísmo não cria um tribunal moral — cria um campo vibracional. E neste campo, apenas o que é claro, leve e sincero ressoa.

A prática da pureza não exige isolamento. Pelo contrário, ela se fortalece na convivência. A harmonia com os outros, o respeito mútuo, o cuidado com o espaço comum — tudo isso são formas de manter a atmosfera limpa. A pureza não é introspecção egoísta — é abertura ao outro, ao ambiente, ao sagrado.

Por isso, quando alguém se aproxima de um santuário, não o faz como quem entra em um prédio qualquer. Passa-se primeiro pelo temizuya, a fonte de água onde se lavam as mãos e se enxágua a boca. É um gesto simples, mas profundamente simbólico. As mãos, que tocam o mundo, precisam estar limpas. A boca, que pronuncia palavras, precisa estar fresca. O corpo e o espírito devem estar em sintonia com o local sagrado. Só então, o devoto cruza o torii e caminha em direção ao honden, o coração do santuário.

A travessia pelo torii, após a purificação, não é apenas um deslocamento físico — é uma mudança de estado. Ao ultrapassar esse portal, o devoto ingressa em uma dimensão onde o tempo desacelera, a atenção se aguça e o coração se aquieta. Cada passo rumo ao honden é um gesto de escuta, de reverência silenciosa. Não há necessidade de palavras longas nem de promessas. O que se oferece é a presença limpa, o corpo preparado, o espírito disposto a sentir. O caminhar se torna oração, e o silêncio entre os gestos adquire densidade espiritual. A pureza, nesse momento, não é só preparação — é comunhão.

O Xintoísmo ensina que essa comunhão não se esgota nos limites do santuário. Ao retornar para casa, o praticante leva consigo a vibração do espaço sagrado, como quem carrega uma brisa no tecido da roupa ou um perfume leve nos cabelos. O lar pode ser continuação do santuário, a rua pode ser extensão do caminho sagrado. Se o mundo é habitado por kami, então tudo pode ser lugar de purificação. Um banho simples ao fim do dia, uma limpeza feita com calma, uma conversa onde se evita o rancor — tudo isso são atos que restauram a clareza interna. Viver com pureza é viver de forma desperta, com olhos que reconhecem a delicadeza do instante.

A pureza, portanto, não é um ideal inatingível, nem uma exigência rígida. É uma escuta contínua ao que vibra em nós e ao nosso redor. Uma atenção que não julga, mas percebe. Uma prática que não exclui, mas acolhe. No Caminho dos Kami, ser puro não é ser perfeito — é estar disposto a recomeçar, a lavar as mágoas, a soprar a poeira dos dias. E é nesse movimento delicado de restauração diária que o espírito se mantém vivo, e a presença dos deuses se faz próxima. A pureza é a ponte entre o humano e o invisível — e enquanto houver quem a cultive, o mundo seguirá sendo sagrado.

Capítulo 5
Espaços Sagrados

Há lugares onde o tempo desacelera. Onde o som dos passos parece mais nítido, o vento sopra com um significado que transcende o físico, e o coração se aquieta mesmo antes de compreender por quê. Tais lugares não surgem por acaso. Eles são preparados, guardados, honrados. São os santuários xintoístas — conhecidos como jinja —, espaços onde o visível se curva diante do invisível e onde a presença dos kami se revela através da forma, da harmonia e do silêncio.

Cada jinja é mais do que uma construção. Ele é um campo espiritual moldado com exatidão para acolher as divindades. Sua estrutura, ainda que física, é a materialização de uma atmosfera invisível que já existia antes da madeira, da pedra, do metal. O santuário nasce primeiro no espírito e depois na matéria. E por isso, a escolha do local não é aleatória. Muitos santuários foram erigidos aos pés de montanhas sagradas, em clareiras de florestas antigas, à beira de rios que cantam com força ancestral. O lugar é reconhecido antes de ser delimitado. A natureza sussurra sua sacralidade, e o ser humano apenas escuta e marca.

A entrada de um santuário é marcada por um elemento inconfundível: o torii. Essa estrutura simples, composta por dois pilares verticais e duas traves horizontais, não é um portão no sentido funcional. Ela não protege com muros, não impede a passagem física. O torii é um marco simbólico. Ele separa o mundo cotidiano do espaço sagrado. Cruzá-lo é um gesto de transição — do profano ao sagrado, do ruído ao silêncio, da dispersão à presença. E por isso, não se cruza o torii de qualquer maneira. Caminha-se pelo lado, evitando o centro, que pertence aos deuses. Inclina-se levemente a cabeça. Sente-se a mudança.

Após o torii, o visitante se depara, quase sempre, com o temizuya, a fonte de purificação. Nela repousam conchas ou conchas de madeira, dispostas com cuidado. Com elas, o devoto lava as mãos — primeiro a esquerda, depois a direita — e, por fim, enxágua a boca. Não se trata de um ritual higiênico, mas de um ato simbólico profundo. O corpo é preparado para o encontro. As mãos, que realizam ações; a boca, que profere palavras. Tudo deve estar limpo, calmo, fresco. A água corre e, com ela, leva embora a distração, o peso, a inquietação.

O caminho até o salão principal do santuário — o honden — é sempre marcado por uma atmosfera de sobriedade e respeito. Muitas vezes ladeado por lanternas de pedra, por árvores antigas, por pequenos altares secundários dedicados a outros kami. Nada é excessivo. A beleza é contida, sutil, fluida. E é justamente nessa ausência de ostentação que reside sua grandeza. O santuário não precisa impressionar. Ele precisa acolher.

Ao se aproximar do honden, o devoto encontra o haiden, o salão de orações. É ali que se faz a reverência, ali que se batem as palmas, que se curva a cabeça, que se oferece a prece silenciosa. Não se entra no honden — ele é reservado aos sacerdotes, aos ritos internos, à morada do kami. O devoto permanece à entrada, como quem reconhece seu lugar com humildade e respeito. A proximidade com o sagrado não exige penetração total, mas sintonia. E essa sintonia se manifesta no gesto, na postura, no coração sincero.

O honden, mesmo inacessível ao olhar direto, carrega em seu interior o objeto sagrado que representa o kami: pode ser um espelho, uma espada, uma pedra, ou mesmo nada visível. O que importa não é o objeto, mas a presença que ele invoca. O espelho, especialmente, é frequente. Não por acaso. Ele reflete sem julgar, sem distorcer. Olhar para um espelho é olhar para si mesmo — e perceber que o sagrado começa na própria alma.

A arquitetura do santuário xintoísta segue estilos tradicionais que remontam aos primeiros tempos. Estilos como o shinmei-zukuri, o nagare-zukuri e o taisha-zukuri definem formas e proporções que harmonizam a construção com o ambiente. O uso da madeira natural, dos telhados curvos cobertos com casca de cipreste, dos encaixes precisos sem pregos — tudo reflete uma integração com a natureza, uma recusa à artificialidade. O templo não se impõe sobre o ambiente — ele se encaixa nele. E essa harmonia construtiva é extensão da harmonia espiritual.

O ambiente do santuário é mantido com zelo. Caminhos são varridos com regularidade. As folhas são recolhidas, mas nunca de forma agressiva. As árvores são cuidadas, não podadas de modo arbitrário. As pedras são lavadas. O musgo, muitas vezes, é preservado. Cada detalhe carrega a presença dos kami. Nada é mero cenário. Tudo é parte do espírito do lugar. Mesmo os sons — o tilintar de sinos, o eco das palmas, o murmúrio da água — são considerados vozes do sagrado.

Além de serem locais de adoração individual, os santuários cumprem também uma função social essencial. Eles são o coração espiritual das comunidades. Festivais, casamentos, celebrações sazonais, bênçãos de crianças, inaugurações — tudo passa pelo jinja. É ali que o povo se reúne, que a identidade local se fortalece, que o elo entre o passado e o presente é reativado. O kami protetor da aldeia, da cidade, do bairro — o ujigami — é honrado ali, e sua presença garante proteção, fertilidade, paz.

As crianças, desde cedo, são levadas ao santuário. No nascimento, na passagem dos três, cinco e sete anos (Shichi-Go-San), nos primeiros dias do ano novo. Elas aprendem, não por imposição, mas por imersão. O santuário é parte da vida. Os jovens, os anciãos, os recém-casados — todos mantêm com o jinja uma relação viva, afetiva. Ele não é um templo distante, mas um centro de energia espiritual da coletividade.

Visitar um santuário não é turismo. É gesto espiritual. Mesmo que o visitante seja estrangeiro, mesmo que não conheça os ritos em detalhe, se houver respeito, o kami percebe. O importante é a intenção.

Cruzar o torii com reverência. Purificar-se com sinceridade. Fazer a prece com o coração presente. Não é preciso entender tudo — é preciso sentir. E essa sensibilidade é o que abre o caminho para a presença divina.

Esses espaços sagrados, portanto, não se impõem pela grandiosidade, mas tocam o íntimo pela delicadeza com que acolhem o invisível. É na simplicidade da madeira envelhecida, na geometria silenciosa das linhas, no frescor da sombra sob as árvores que se revela a verdadeira dimensão do sagrado. O jinja não pretende ser um palácio para deuses distantes, mas um lar de passagem, onde a divindade e o humano se cruzam num instante de harmonia. Tudo ali convida à quietude — uma quietude que não é ausência, mas presença ampliada. Cada detalhe é um convite à escuta: do som dos próprios passos, do farfalhar das folhas, do que o coração, desacelerado, finalmente pode ouvir.

Essa escuta se aprofunda ainda mais durante os matsuri, os festivais xintoístas, quando o santuário pulsa como o coração da comunidade. Nessas celebrações, os kami deixam simbolicamente o honden e são conduzidos em procissões, em mikoshi (santuários portáteis), pelas ruas da cidade. É a divindade que sai ao encontro do povo, e o povo que retribui com música, dança, oferendas, alegria. Não há contradição entre o recolhimento do silêncio e o clamor da festa — ambos são modos legítimos de honrar o sagrado. O espaço sagrado, então, se expande, transbordando os limites do templo para abarcar toda a vila, toda a vida. Nesses momentos, o cotidiano é purificado pela celebração, e a memória coletiva é reanimada como fogo renovado.

Ao final, o jinja permanece como um elo tangível entre mundos, uma ponte construída com reverência, beleza e humildade. Ele nos lembra que o sagrado não precisa ser buscado nas alturas, mas cuidado no chão que pisamos, nos gestos que repetimos com alma desperta. Cada visita a um santuário é um retorno a esse lugar onde o tempo se dobra, onde a presença é mais densa, onde até o ar parece orar. E quando se cruza novamente o torii de saída, algo mudou. O mundo lá fora é o mesmo — mas quem o habita, agora, carrega um pouco mais de silêncio no peito e de luz nos olhos.

Capítulo 6
Oferendas e Preces

O universo escuta. Mesmo em silêncio, cada vibração emitida por um coração sincero alcança os kami. No Xintoísmo, não há intermediários necessários entre o ser humano e o sagrado. Há, sim, ritos, formas, gestos — mas nenhum deles possui valor sem o que está no centro de tudo: a pureza do sentimento, a intenção verdadeira, o magokoro. Oferendas e preces não são moedas de troca. São expressões de gratidão, reconhecimento, reverência. São modos de dizer: "Eu estou aqui. Eu vejo. Eu honro."

As oferendas, ou shinsen, são diversas. Podem ser arroz branco, representando o sustento essencial dado pela terra. Podem ser sal, símbolo de purificação e energia vital. Água fresca, por sua fluidez e força purificadora. Saquê, como celebração da vida. Ramos de sakaki, a árvore sagrada cujas folhas firmes e verdes nunca caem. Mas acima de tudo, as palavras sinceras — a oração feita com o coração — são a oferenda mais preciosa.

O ato de ofertar não segue um modelo rígido. Há uma estrutura tradicional, mas dentro dela vive uma liberdade que permite a expressão autêntica de cada praticante. O gesto de colocar um punhado de arroz, acender uma vela, verter algumas gotas de saquê, dobrar um papel com cuidado e depositá-lo com respeito — tudo isso é ritual. Tudo isso é comunicação. E é assim que se constrói o vínculo entre o humano e o kami.

Quando um devoto se aproxima de um santuário, carrega consigo não apenas desejos ou esperanças. Traz também sua história, seus sentimentos, seus vínculos. O santuário acolhe tudo. O espaço está preparado para isso. Ao chegar diante do haiden, o salão de oração, o fiel realiza um gesto ancestral: joga uma pequena quantia de moeda na caixa de oferendas, toca a sineta — se houver —, faz uma reverência profunda, bate duas palmas, junta as mãos e permanece em silêncio. A seguir, inclina-se novamente. Esse gesto é conhecido e respeitado em todo o Japão. Não é necessário explicar — ele é compreendido pelo coração.

As duas palmas são mais que aplauso. Elas despertam o kami, harmonizam os mundos, alinham a presença do humano com a vibração divina. É uma batida que quebra a dispersão, que concentra o espírito. As palmas ecoam como o som da alma chamando o invisível.

A reverência inicial e a reverência final delimitam o momento sagrado. A oração, feita em silêncio, pode conter pedidos, agradecimentos, promessas. Pode ser longa ou breve. Mas deve sempre nascer de um estado interior autêntico. Não há fórmulas obrigatórias. A prece mais poderosa no Xintoísmo é aquela que flui naturalmente, sem necessidade de palavras.

Ainda assim, existem orações formais — os norito — recitadas em ocasiões especiais por sacerdotes. Os norito são textos arcaicos, escritos em japonês clássico, que reverenciam os kami, narram os méritos dos devotos, pedem bênçãos e expressam gratidão. São entoados com ritmo, entonação e solenidade. Cada sílaba é pronunciada com respeito. O norito não é recitado — ele é oferecido. E nesse oferecimento, carrega a alma da cerimônia.

Os norito, ao contrário de rezas repetidas mecanicamente, não têm objetivo de controle. Não buscam dobrar o divino à vontade humana. Eles narram, contam, compartilham. São como cartas cerimoniais. No centro delas está sempre o reconhecimento: do lugar do humano, da generosidade dos deuses, da beleza do mundo. Pedir vem depois. Primeiro, reconhece-se.

Além das palavras, há também as formas simbólicas de oferenda. Os tamagushi, ramos de sakaki decorados com tiras de papel branco, são entregues em muitas cerimônias. O gesto de oferecê-los segue um ritual preciso: o ramo é segurado com ambas as mãos, girado lentamente, elevado ao nível do rosto, e depositado diante do altar. Cada movimento é carregado de significado. Não há pressa. O tempo do kami é diferente. E o devoto, ao ofertar, deve abandonar suas urgências.

Em muitas casas, mesmo longe de santuários, há pequenos altares domésticos — os kamidana — onde também se realizam oferendas diárias. Água fresca ao amanhecer. Arroz recém-cozido. Raminhos verdes. Palavras de agradecimento. Silêncios respeitosos. Essa prática cotidiana é uma extensão do santuário. O lar se torna também espaço sagrado. O cotidiano, então, é vivenciado com outro olhar. Cada refeição é um presente. Cada manhã, uma bênção. O kami está ali, não no alto, mas ao lado.

Durante festivais ou momentos de dificuldade, os devotos escrevem seus desejos em pequenas placas de madeira chamadas ema, decoradas com imagens e símbolos. Essas placas são penduradas em estruturas próximas ao santuário. Ao ler os pedidos, encontra-se a essência do espírito humano: saúde, paz, proteção, êxito, harmonia. Mas também há gratidão. Muitas ema são mensagens de agradecimento por desejos atendidos, por curas, por reencontros. Os kami não são apenas fontes de poder. São companheiros invisíveis que caminham ao lado dos que vivem com sinceridade.

Ao longo do ano, há também rituais coletivos de oferenda. Grandes mesas são montadas diante dos altares com arroz, frutas, peixes, legumes, doces. Tudo fresco, belo, disposto com harmonia. Não se trata de alimentar os deuses — eles não se nutrem como humanos. Mas sim de expressar, por meio da abundância e do cuidado, o respeito por tudo o que foi recebido. A oferenda é também devolução. O que vem da terra retorna à terra. O que é dom, é compartilhado.

Oferendas e preces, assim, não são ações isoladas. Elas fazem parte de uma ética sagrada. Ensinam a agradecer antes de pedir. A reconhecer antes de desejar. A aquietar antes de agir. O Xintoísmo não se preocupa com o conteúdo específico da fé, mas com a postura com que se vive. O gesto de ofertar, por mais simples que seja, se realizado com magokoro, é completo. O gesto sem sinceridade, por mais elaborado, permanece vazio.

Por isso, nos santuários, mesmo os sacerdotes se inclinam com humildade. Eles não se colocam como superiores aos devotos, mas como servidores dos kami. Seu papel é zelar pelos ritos, cuidar dos espaços, manter a ponte aberta. Eles recitam, preparam, limpam, ensinam. Mas o elo com o kami é de cada um. Não há intercessão. Há comunhão.

Diante de tudo isso, fica claro que a espiritualidade xintoísta não exige grandes demonstrações. Exige verdade. Uma vela acesa com atenção. Um ramo depositado com respeito. Um sussurro agradecido ao pôr do sol. Tudo isso é culto. Tudo isso é oferenda. E quando o coração está pleno, o kami ouve. Não com ouvidos, mas com presença. E nesse encontro invisível entre o humano e o divino, o mundo inteiro se harmoniza.

A prática xintoísta revela, em sua essência, uma delicada pedagogia do sagrado que educa o olhar para a beleza das pequenas coisas. Mais do que seguir preceitos, é um exercício diário de percepção — perceber a sacralidade que se insinua no vapor do arroz recém-cozido, no brilho da água fresca oferecida, no silêncio que antecede a oração. Essa educação interior transforma não apenas o ato religioso, mas o próprio modo de estar no mundo. A oferenda, nesse contexto, não é um rito separado da vida, mas a vida transfigurada em rito. É quando a existência cotidiana se eleva à dimensão do mistério e se torna linguagem compreensível pelos kami.

Essa espiritualidade silenciosa e atenta ensina, também, sobre o valor da presença. No tempo dos kami, tudo acontece devagar. O gesto precisa de pausa, o pensamento precisa de clareza, o coração precisa de verdade. Essa lentidão sagrada se opõe à pressa do mundo moderno e, nesse contraste, oferece cura. Cada prece, cada ramo oferecido, cada ema pendurada nos santuários revela uma forma de desacelerar e de reencontrar o centro. Ao reconhecer a sacralidade naquilo que é singelo, o fiel transforma o espaço à sua volta e, mais ainda, a si mesmo. É esse reconhecimento que torna cada oferenda um ato de comunhão, não de separação — um gesto de reconexão com a natureza, com os outros e com o que é invisível.

Ao final, permanece a imagem de um mundo em que o sagrado não precisa ser invocado por grandes palavras, mas apenas despertado por um gesto verdadeiro. É no cotidiano reverente, na simplicidade do ritual vivido com consciência, que se manifesta o encontro com os kami. O Xintoísmo nos convida a essa escuta: a viver com um coração que percebe, mãos que agradecem e um espírito que reconhece. Pois onde houver magokoro, mesmo o silêncio se tornará oração, e até o mais leve sopro de vento poderá carregar uma oferenda.

Capítulo 7
Festivais Sazonais

Há momentos em que o tempo não passa — ele gira. A roda das estações, com suas cores, sons e aromas, marca mais do que mudanças climáticas: ela é o ritmo da própria vida. No Xintoísmo, esse giro não é ignorado, tampouco enfrentado — ele é celebrado. E cada ciclo que se completa é um convite à renovação espiritual. Os matsuri, os festivais sazonais, são a expressão viva dessa comunhão com o ritmo natural do mundo e com a presença constante dos kami. Eles não são apenas eventos folclóricos ou manifestações culturais — são rituais sagrados que reafirmam a ligação entre o céu, a terra e a comunidade.

Os festivais nascem da terra e do tempo. Cada estação carrega uma vibração própria, um espírito distinto, e os matsuri são sua linguagem cerimonial. O inverno convida à introspecção e ao recolhimento; a primavera, à renovação e ao florescimento; o verão, à plenitude e à vitalidade; o outono, à colheita e à gratidão. E os deuses, como parte ativa desses ciclos, são chamados a participar da celebração, a abençoar os campos, as famílias, os lares e os corações.

O mais celebrado de todos os festivais é o Shōgatsu, o Ano Novo japonês. Mais do que uma virada cronológica, é uma transição energética. Os dias que antecedem o Shōgatsu são dedicados à purificação dos lares, ao pagamento de dívidas, à reconciliação com parentes e amigos. Tudo deve ser renovado, pois o kami do ano — o Toshigami — vem visitar cada lar. As portas são adornadas com shimenawa, cordas de palha de arroz que afastam o kegare, e os portais com kadomatsu, arranjos de pinheiro e bambu que recebem o espírito visitante. A primeira visita do ano a um santuário — o hatsumōde — é um gesto coletivo de oração e esperança. Milhões de pessoas se deslocam, enfrentam o frio, esperam longas horas em silêncio para fazer sua oferenda, bater as palmas e expressar gratidão. É um novo ciclo que se inicia, e o primeiro gesto deve ser o da reverência.

No final do inverno, celebra-se o Setsubun, o ritual de transição para a primavera. Nesse dia, as impurezas acumuladas devem ser expulsas do lar e do espírito. É o momento de gritar: "Oni wa soto! Fuku wa uchi!" — "Demônios para fora! Sorte para dentro!" — enquanto se joga soja torrada para fora da casa. Esse gesto, aparentemente simples, carrega uma força simbólica intensa. Os "demônios" representam tudo aquilo que obscurece a alma: mágoas, medos, ressentimentos, doenças. Expulsá-los é mais do que um teatro. É um ato de coragem espiritual. Em templos e santuários, sacerdotes e convidados especiais realizam o mesmo gesto em escala maior, com multidões reunidas para partilhar da purificação coletiva.

A chegada da primavera é marcada por festivais de flores, como o Hanami, onde a contemplação das cerejeiras em flor se torna um rito nacional. Famílias se reúnem sob as árvores, fazem piqueniques, compartilham histórias, cantam. Mas há algo mais sutil acontecendo: sob as flores que logo cairão, o povo se reconcilia com a efemeridade. A beleza que dura pouco se torna preciosa. E assim, a espiritualidade xintoísta — que vê o divino no transitório — se manifesta na alegria dos encontros, na reverência à natureza, no silêncio entre uma risada e outra.

O verão traz os matsuri mais vibrantes. As ruas se enchem de cor, música e movimento. Lanternas são acesas, barracas de comida são erguidas, e os mikoshi — pequenos santuários portáteis — são carregados por grupos de homens e mulheres vestidos com roupas cerimoniais. O mikoshi não é uma simples réplica. Ele carrega o espírito do kami do santuário, que sai em procissão pelas ruas para visitar a comunidade, abençoar as casas, renovar os vínculos. O som dos tambores, os gritos ritmados dos carregadores, o calor do verão — tudo se funde em uma dança cósmica. O kami, nesse momento, não está apenas no altar — ele caminha entre o povo, participa da festa, observa os rostos e recebe o entusiasmo como oferenda.

Entre os muitos festivais de verão, destaca-se o Tanabata, inspirado na lenda de duas estrelas amantes separadas pela Via Láctea, que se encontram apenas uma vez por ano. Durante o Tanabata, crianças e adultos escrevem desejos em tiras coloridas de papel, que são penduradas em ramos de bambu. Esses desejos não são apenas esperanças individuais — são expressões do espírito coletivo, vozes que sobem aos céus como preces multicoloridas. O bambu, com sua flexibilidade e força, sustenta o invisível. E o vento que passa entre os papéis é ouvido pelos deuses.

O outono é a estação da colheita, e com ela chegam os festivais das dádivas. O mais simbólico é o Niiname-sai, celebrado pelo imperador em agradecimento pela nova colheita de arroz. O arroz, no Japão, é mais do que alimento — é oferenda, energia, vida. Cultivá-lo é um ato espiritual. Colhê-lo, uma bênção. Compartilhá-lo, uma celebração. No Niiname-sai, o imperador oferece o arroz recém-colhido aos deuses, com vestes cerimoniais e gestos contidos, em um rito que liga o coração do povo à terra e ao céu.

Nas comunidades rurais, os festivais da colheita são vividos com intensidade. Oferendas são levadas aos santuários locais. Crianças participam com danças tradicionais. Máscaras de leão, bonecos, música folclórica — tudo se une em uma expressão de alegria e reverência. Não há separação entre o espiritual e o cotidiano. O agricultor que planta e colhe também reza e agradece. O alimento, antes de ser consumido, é devolvido simbolicamente aos kami que o possibilitaram.

Os matsuri, embora tenham formas diversas, compartilham um espírito comum: celebrar a vida em todas as suas fases. Eles não são apenas memória cultural — são práticas espirituais vivas. A alegria não é vista como dispersão, mas como presença intensa. Dançar, cantar, comer, vestir-se com cuidado — tudo isso é oferenda. E por isso, nos festivais xintoístas, a beleza é cultivada. As roupas são especiais. Os cabelos são arrumados. Os movimentos seguem padrões ancestrais. O corpo se torna instrumento do sagrado.

Ao participar de um festival, o devoto não apenas honra o kami — ele se reconecta com sua própria essência. Ele se lembra de que faz parte de uma comunidade, de uma paisagem, de um ciclo eterno de transformação. O espírito coletivo que se forma nos matsuri reforça o sentimento de pertencimento, de união, de harmonia. E mesmo aqueles que chegam como visitantes, se abertos de coração, sentem esse campo. São acolhidos não por doutrinas, mas por gestos. E nesses gestos, encontram um convite: viver com mais presença, com mais reverência, com mais alegria.

Em meio ao esplendor dos matsuri, revela-se uma das lições mais profundas da espiritualidade xintoísta: a sacralidade não está apenas nos momentos de silêncio e contemplação, mas também na vibração da vida em sua plenitude. Quando os kami descem para caminhar entre os devotos, não há separação entre o divino e o humano — há fusão. A dança dos corpos, o brilho das lanternas, o calor da multidão são expressões do mesmo impulso que move a natureza em suas estações. Participar de um festival é participar do próprio fluxo da existência, onde cada batida de tambor é um chamado à consciência, e cada desejo pendurado ao vento, uma ponte entre mundos.

Essa presença cíclica dos matsuri também ensina que o tempo não é um rio que corre em linha reta, mas um campo vivo onde tudo retorna com outra forma, outra cor, outro sabor. Os festivais não são repetições — são renascimentos. A mesma oferenda ganha novo significado a cada estação, pois o coração que a entrega já não é o mesmo. Há um amadurecimento silencioso que acontece quando se vive o tempo com reverência: aprende-se a acolher o frio e o calor, a flor e a folha caída, o início e o fim. E assim, a espiritualidade que emerge dos festivais não é feita apenas de fé, mas de aprendizado profundo com o próprio ritmo da vida.

Ao final, o que permanece não é apenas a lembrança das cores ou dos cânticos, mas o sentimento de ter tocado algo maior que si. Nos matsuri, o humano se percebe parte de uma rede invisível que une a terra, o céu e os corações. Essa percepção transforma: ela desperta o cuidado, fortalece o vínculo com a comunidade e reacende a centelha interior que busca sentido. E quando o festival termina, o kami retorna ao santuário, mas algo dele permanece — no silêncio da casa, na firmeza dos gestos cotidianos, no olhar renovado que aprende a ver, em cada estação, uma nova chance de celebrar a vida.

Capítulo 8
Deuses Protetores

No universo do Xintoísmo, não há um trono único onde repousa uma divindade central e absoluta. Não há um deus supremo, distante, imutável. Há, ao contrário, uma miríade de presenças. Espíritos, forças, consciências — os kami — que habitam o mundo, se manifestam em suas infinitas formas e compartilham com os humanos uma existência dinâmica. Os deuses protetores do Xintoísmo não são figuras abstratas ou arquétipos intocáveis. Eles são próximos. Presentes. Atuam em comunidades, em famílias, em árvores, em ofícios, em emoções. O mundo, aos olhos de quem caminha com reverência, é habitado por milhares de kami.

Dentre essa vasta constelação espiritual, os ujigami ocupam um lugar especial. Eles são os kami protetores de clãs, aldeias, bairros ou cidades inteiras. Cada comunidade tradicional possui o seu. Ele não é apenas um símbolo — é um membro da comunidade. A ele se dirigem orações em tempos de doença, de seca, de colheita, de celebração. Sua presença não é decorativa, mas operativa. O ujigami é quem protege, quem observa, quem responde. E cada santuário dedicado a ele se torna o coração espiritual daquele povo. Nesses locais, os festivais sazonais, os ritos de passagem e as celebrações coletivas não são apenas eventos religiosos — são reencontros com o guardião invisível que compartilha do destino comum.

Além dos ujigami, existem kami associados a aspectos específicos da vida humana. São deuses que não apenas representam ideias, mas atuam em esferas concretas. Inari Ōkami, por exemplo, é um dos mais populares e multifacetados. Sua imagem está associada ao arroz, à fertilidade, à agricultura, aos negócios e à prosperidade. Os santuários dedicados a Inari são facilmente reconhecíveis pelos filetes de torii vermelhos que se multiplicam como um túnel flamejante entre os mundos. Suas mensageiras são as raposas brancas — kitsune — que aparecem aos pares nas entradas dos santuários, muitas vezes com chaves de arroz nos dentes. Inari é invocado por agricultores, comerciantes, estudantes, e por todos que desejam prosperar em suas empreitadas. Mas mais do que trazer fortuna, ele ensina a respeitar o ciclo da colheita, a partilhar os frutos, a agradecer sempre.

Outro kami de grande devoção é Hachiman, o deus da guerra, mas não no sentido bélico ocidental. Hachiman protege guerreiros, sim, mas também comunidades, pescadores, e principalmente a paz. Ele é o guardião da nação e o espírito ancestral do imperador Ōjin, deificado após sua morte. Seus santuários se espalham pelo Japão, e sua presença é associada à força, à proteção e à lealdade. Hachiman não é um deus distante, mas um espírito que responde à necessidade do momento, seja na batalha, seja na travessia do mar, seja na proteção de uma criança enferma.

Tenjin, por sua vez, é o kami dos estudos e das artes. Seu nome humano era Sugawara no Michizane, um erudito e poeta do período Heian que, injustamente exilado, morreu com o coração ferido. Após sua morte, eventos sobrenaturais assustaram a capital, e ele foi reconhecido como kami e honrado com templos para aplacar sua ira e restaurar a harmonia. Hoje, Tenjin é reverenciado por estudantes de todas as idades. Na época dos exames, seus santuários se enchem de jovens com cadernos nas mãos, depositando ema com preces, pedindo concentração, sorte e sabedoria. Ele é um deus que conhece a dor da injustiça, mas que oferece luz àqueles que buscam o conhecimento com sinceridade.

Outros kami são associados à saúde, à maternidade, à longevidade, à fertilidade, à arte. Konohanasakuya-hime, deusa das flores e dos vulcões, é invocada por mulheres grávidas. Sarutahiko Ōkami, com sua face longa e força robusta, é um deus de caminhos e encontros, protetor dos viajantes e das decisões difíceis. Ame-no-Uzume, deusa da dança e do riso, é celebrada como aquela que despertou a luz do mundo e continua a alegrar as almas com sua irreverência sagrada. E há muitos outros, com nomes esquecidos e funções silenciosas, que habitam pequenos altares, florestas escondidas, lares humildes. Nenhum é menor. Todos têm sua força e sua face única.

O relacionamento com os deuses protetores é construído pela prática e pela intimidade. O devoto não apenas conhece os nomes — ele convive. Visita o santuário, oferece preces, participa dos festivais, reconhece os sinais. Um kami pode ser invocado por gerações na mesma família, e a relação se torna um elo entre antepassados e descendentes. O altar doméstico, o kamidana, muitas vezes é consagrado a um kami específico, cuja energia ressoa com a vocação da família: o protetor da agricultura, da pesca, da escrita, da saúde, da carpintaria.

Essa ligação pessoal com os kami não impede que se reverenciem outros. O Xintoísmo não exige exclusividade. Um praticante pode, e muitas vezes o faz, visitar diferentes santuários, honrar diferentes deuses, pedir proteção em várias áreas da vida. Cada kami é um foco específico da energia cósmica. E o ser humano, multifacetado como é, pode se conectar a múltiplas presenças conforme sua necessidade espiritual.

É comum, inclusive, adotar um kami como protetor pessoal, não por imposição, mas por afinidade. Às vezes, essa escolha é intuitiva — um santuário que toca a alma, um nome que surge em um momento difícil, um sonho que traz uma figura específica. Os kami se comunicam por sinais, sincronicidades, sentimentos. Aquele que vive com atenção aos detalhes, que respeita os pequenos gestos e os instantes de silêncio, aprende a reconhecer essa comunicação. E então, o elo se aprofunda.

A presença dos deuses protetores não é uma garantia de ausência de dificuldades. Mas é uma certeza de companhia. Quando se acende uma vela, quando se oferece um ramo de folhas frescas, quando se bate as palmas diante de um pequeno altar de madeira, está-se dizendo: "Eu não caminho só." E essa consciência transforma o viver. Traz serenidade em meio ao caos. Inspira coragem diante do incerto. Sustenta a alma nos dias de sombra.

Por isso, conhecer os deuses protetores é também conhecer a si mesmo. Porque cada kami ressoa com uma parte da experiência humana. A ira de Susanoo, o brilho de Amaterasu, o sacrifício de Izanami, a sabedoria de Takamimusubi — todos habitam o tecido da alma. Eles não estão fora. Estão junto. E reconhecê-los, reverenciá-los, dialogar com eles é reencontrar o caminho da harmonia.

Os deuses protetores do Xintoísmo, ao refletirem os múltiplos aspectos da natureza e da alma humana, revelam uma espiritualidade profundamente integradora. Cada kami é, ao mesmo tempo, força natural e presença afetiva, arquétipo vivo e companheiro próximo. Ao caminhar por um bosque, ao cruzar os portões vermelhos de um santuário, ou mesmo ao silenciar diante do pequeno altar doméstico, o devoto reconhece que sua jornada é acompanhada por inteligências invisíveis que não exigem adoração cega, mas sim respeito e presença. Essa convivência constante com o sagrado ensina que a proteção não vem de um poder que se impõe de fora, mas de um laço que se constrói com o tempo, com os gestos repetidos, com a escuta sensível da vida.

Esse laço, no entanto, não se limita ao indivíduo. Ele se estende à comunidade, à paisagem, ao ofício, ao passado e ao futuro. Quando uma família reverencia o mesmo kami há gerações, o altar deixa de ser um objeto:

torna-se um ponto de encontro entre tempos e afetos. Quando um bairro se reúne para celebrar o kami local, não está apenas pedindo proteção — está reafirmando sua identidade coletiva. E é assim que o Xintoísmo entrelaça o espiritual com o social, o místico com o cotidiano. Os deuses protetores não pairam distantes em esferas inalcançáveis: eles se debruçam sobre os telhados, acompanham a escrita de uma carta, guardam o sono das crianças, se sentam à mesa invisivelmente quando se serve o arroz.

Ao final, mais do que buscar o favor dos deuses, o praticante se transforma na própria expressão do respeito que sente por eles. A oferenda, a prece, o cuidado com o altar são reflexos de uma postura interior que aprende a caminhar com humildade e atenção. Os kami protegem, sim, mas também ensinam — a ver beleza no que é simples, a honrar o que é antigo, a acolher o que é mutável. E assim, viver sob a proteção dos deuses xintoístas é, no fundo, viver com consciência: de si, do outro, da natureza e do mistério que permeia todas as coisas.

Capítulo 9
Altar Doméstico

No silêncio de uma manhã comum, antes que os ruídos do dia se instalem, há um gesto simples que se repete em muitos lares japoneses: acender uma vela, oferecer água fresca, inclinar-se em reverência diante de um pequeno altar de madeira. Essa prática, desprovida de alarde ou espetáculo, é a essência do culto xintoísta vivido no cotidiano. O nome desse altar é kamidana — literalmente, "prateleira dos deuses" —, e sua presença discreta sustenta, como uma coluna invisível, a espiritualidade da casa.

O kamidana não é um símbolo. Ele é um ponto de contato direto entre o visível e o invisível. Um elo permanente com os kami. Não se trata de uma miniatura de templo ou de um objeto decorativo. Ele é, em si, um espaço sagrado. Uma extensão do santuário, adaptada ao ritmo da vida doméstica. E sua presença transforma o lar em templo, não pela grandiosidade, mas pela intenção pura com que é cuidado e reverenciado.

Colocar um kamidana em casa é um ato de escolha espiritual. Não é necessário ser sacerdote, não é preciso ter nascido no Japão, tampouco seguir regras rígidas. O que se exige é respeito, sinceridade e constância. O altar deve ser instalado em um lugar elevado, limpo, onde o olhar o alcance com facilidade, mas onde o corpo não o toque inadvertidamente. Preferencialmente voltado para o sul ou o leste — direções associadas à luz e ao renascimento. Nunca em cima de uma entrada ou banheiro, e jamais abaixo de qualquer estrutura. O kami merece estar acima, não por hierarquia, mas por honra.

O coração do kamidana é o ofuda — um talismã sagrado recebido de um santuário, contendo o nome do kami ali venerado. Esse ofuda é a presença espiritual do deus em questão. É ele que consagra o espaço. E por isso, deve ser tratado com o mesmo cuidado que se teria com a presença real de um hóspede divino. Ao redor dele, podem ser dispostos pequenos objetos rituais: dois pequenos recipientes para água e saquê, dois para arroz e sal, um vaso para ramos de sakaki, velas e incenso. A simplicidade é a regra. Mas cada item, por mais discreto, carrega uma função e um significado.

As oferendas no kamidana são realizadas de forma semelhante às que ocorrem nos santuários. Água limpa todas as manhãs, trocada antes do amanhecer. Arroz fresco em datas especiais ou após as refeições principais. Raminhos verdes que representem vida, renovação, conexão. Não há necessidade de abundância — basta que seja puro, fresco, honesto. E o mais importante: acompanhado de um coração sincero, o magokoro. Porque a oferenda não é pelo valor material, mas pela vibração que transmite.

Diante do altar, o devoto realiza o mesmo gesto tradicional: duas reverências, duas palmas, uma prece silenciosa, e uma reverência final. Esse pequeno ritual, repetido diariamente, reestrutura o espírito. Ele reordena a atenção, desfaz os nós da ansiedade, realinha o ser com o fluxo da vida. E por isso, o kamidana não é apenas um ponto de oração — é um espelho da alma. Ele reflete o estado interior de quem o mantém. Se há descuido, acúmulo de poeira, negligência, algo se quebra no vínculo com os deuses. O kami não abandona — mas se cala.

Muitos praticantes sentem o efeito direto de cultivar esse espaço. A atmosfera da casa muda. Torna-se mais leve, mais silenciosa, mais ordenada. Os conflitos se atenuam. As decisões ganham clareza. A vida, embora continue com seus desafios, parece fluir com mais suavidade. Porque o lar deixa de ser apenas abrigo físico e passa a ser morada da espiritualidade.

Não há um único tipo de kami que possa ser honrado no altar doméstico. O mais comum é consagrar o kamidana ao kami do santuário mais próximo ou à divindade com a qual a família mantém laços históricos ou afetivos. Pode-se também incluir mais de um ofuda, desde que o espaço seja ampliado com respeito. Inari, por exemplo, é frequentemente homenageado em lares ligados à agricultura, negócios ou culinária. Tenjin aparece nos lares de estudantes. Amaterasu, como deusa solar e ancestral da harmonia, é bem-vinda em qualquer lar. Mas o essencial é que a escolha seja feita com consciência e afinidade. O kami deve ser tratado como um convidado querido, que permanece em casa todos os dias.

O kamidana também é um ponto de união familiar. Pais, filhos, avós podem compartilhar esse espaço de oração. Ensinar às crianças a cuidar do altar é uma forma de transmitir não apenas um rito, mas uma visão de mundo. É ensinar que há algo além do visível, que a gratidão deve ser cultivada, que a beleza das pequenas coisas tem valor. A criança que oferece água ao kami aprende, sem palavras, que viver é um dom, e que esse dom precisa ser honrado.

Nos dias de celebração, o kamidana ganha novos elementos. Pequenos doces, frutas da estação, flores frescas, mensagens escritas à mão. Pode-se cantar, pode-se dançar diante dele, como forma de alegrar os kami. Não há rigidez. Há vida. E essa vida é espiritualizada pelo gesto, pela intenção, pela repetição consciente. A repetição não como hábito cego, mas como ritmo que gera estabilidade.

Se por acaso o ofuda se torna antigo, danificado ou completa um ciclo anual, ele deve ser devolvido ao santuário de onde veio, onde será queimado em cerimônia apropriada. Recebe-se então um novo ofuda, renovando o pacto com o kami, como quem renova os votos de uma amizade invisível. Esse gesto, singelo, reforça a natureza cíclica do Xintoísmo — tudo nasce, cumpre seu tempo e retorna ao invisível. E o devoto, ao participar desse ciclo, torna-se também parte da dança eterna entre o mundo e os deuses.

Não há necessidade de esperar uma ocasião especial para rezar no kamidana. Ele está sempre ali, como testemunha silenciosa da jornada cotidiana. Ao sair de casa para o trabalho, uma reverência. Ao retornar, um agradecimento. Antes de uma decisão importante, uma prece curta. Ao alcançar uma conquista, uma oferenda de gratidão. A espiritualidade xintoísta é feita de gestos simples, integrados ao ritmo da vida. E o altar doméstico é a âncora que sustenta essa integração.

O kamidana ensina que o divino não está apenas em templos distantes, em montanhas sagradas, em rituais grandiosos. Ele está na sala, na cozinha, no canto do quarto. Está no modo como se arruma a casa, como se cuida do outro, como se prepara o alimento. O lar, quando habitado com reverência, se transforma. E nesse espaço transformado, os kami permanecem.

Por isso, o kamidana não é apenas um móvel, nem um objeto sagrado isolado. Ele é um lembrete constante da presença divina no ordinário. Ele convida à atenção, à limpeza, à gratidão. E ao manter esse pequeno altar aceso com gestos cotidianos, o devoto não apenas honra os deuses — ele reeduca a si mesmo. Aprende a ver com novos olhos. A ouvir o silêncio. A caminhar com mais leveza.

Ao manter vivo o gesto diário diante do kamidana, o praticante desenvolve uma espiritualidade que não se apoia em espetáculos, mas em constância e presença. Essa fidelidade ao pequeno ritual molda um tipo de sensibilidade rara: a capacidade de reconhecer o sagrado no cotidiano. Não se trata de esperar por milagres visíveis, mas de cultivar uma convivência sutil com o invisível. Com o tempo, essa relação se aprofunda — não por obrigação, mas por afinidade. O altar, antes um elemento externo, torna-se espelho de um mundo interno mais silencioso e desperto, onde cada oferenda é também uma conversa com a própria alma.

Esse silêncio espiritual que o kamidana promove tem implicações profundas. Ele realinha não apenas o indivíduo, mas a própria atmosfera do lar. Pequenas desordens emocionais se desfazem. O tempo parece desacelerar. As palavras ganham mais peso, os afetos, mais clareza. E quando as dificuldades chegam — como inevitavelmente chegam —, há ali, naquele canto sagrado da casa, um lugar de refúgio, um ponto de equilíbrio. O altar não responde com promessas, mas oferece uma lembrança constante: não se está só. A presença do kami, mesmo quando invisível, ancora o coração e sustenta o passo. Isso transforma a espiritualidade em algo tangível, praticável, acessível a qualquer momento.

No fim das contas, o kamidana é menos um altar e mais uma forma de viver. Ele ensina, todos os dias, que o divino não está separado da existência, mas entrelaçado a ela. Ao acender uma vela ou renovar a água, o devoto não apenas realiza um rito — ele reafirma o seu lugar no mundo, sua ligação com a natureza, com os ancestrais, com a própria essência da vida. E assim, mesmo em uma manhã comum, antes que os ruídos do dia se instalem, aquele gesto simples se transforma em portal: um instante em que o humano e o sagrado se reconhecem mutuamente.

Capítulo 10
Religião Cotidiana

A espiritualidade do Xintoísmo não habita apenas os santuários, os festivais e os ritos formais. Ela não exige trajes cerimoniais, palavras antigas ou cerimônias complexas para se manifestar. Ela vive, principalmente, no ordinário. Nos gestos pequenos e nos silêncios. Em cada saudação, em cada limpeza feita com intenção, em cada refeição partilhada com respeito. A religião cotidiana no Xintoísmo é uma prática contínua, quase invisível, mas profundamente transformadora. É a vida levada com reverência.

O primeiro ato do dia, ao abrir os olhos, já é um encontro com o sagrado. O sol que desponta no horizonte não é apenas astro — ele é a luz viva de Amaterasu-ōmikami, a deusa solar. Voltar-se ao leste, mesmo que por um breve momento, e inclinar levemente a cabeça em silêncio é reconhecer essa presença. Muitos praticantes mantêm o hábito de saudar o novo dia com um gesto de gratidão. Não há palavras fixas. Apenas o sentimento de que o dia que começa é um dom, uma renovação, um convite.

Antes das refeições, o costume de dizer "Itadakimasu" — literalmente, "recebo com humildade" — carrega um significado espiritual profundo. Não se trata apenas de educação ou cortesia. É um reconhecimento de que o alimento vem de um ciclo sagrado: da terra, da água, da dedicação humana, da bênção dos deuses. Comer não é um ato mecânico. É um gesto de comunhão com os elementos que sustentam a vida. Após a refeição, o "Gochisōsama deshita" — "foi um banquete", mesmo que simples — expressa gratidão não apenas pela comida, mas por todo o trabalho e energia envolvidos em sua obtenção.

A limpeza, no Xintoísmo, é também prática espiritual. O ambiente onde se vive não é apenas um espaço funcional — é extensão da alma. Por isso, varrer a casa, arrumar os objetos, limpar o chão, arejar os cômodos não são apenas tarefas domésticas. São gestos que purificam o espaço e, com ele, o espírito. A poeira que se acumula nas coisas não é diferente da que se deposita na mente. A ordem externa reflete a harmonia interna. E manter o lar limpo é manter o espírito alinhado com os kami.

As escolas no Japão, profundamente influenciadas pelo espírito xintoísta, refletem essa disciplina espiritual. Crianças aprendem, desde cedo, a limpar suas salas, seus banheiros, seus corredores. Não há faxineiros escolares. Não por economia, mas por educação ética. Cada aluno se torna responsável por seu ambiente. Aprende que cuidar do espaço comum é parte do cultivo do caráter. Que a beleza e a ordem não são apenas estéticas, mas expressões de respeito. Essa prática, repetida todos os dias, molda o olhar. Ensina a ver o mundo com atenção. E essa atenção é, em essência, uma forma de oração.

Nos transportes públicos, nas filas, nas ruas, o silêncio e a cortesia não nascem apenas de regras sociais. São também reflexos de uma espiritualidade que reconhece o outro como presença sagrada. Cada pessoa carrega consigo uma centelha do divino. E tratar o outro com gentileza é, também, honrar os kami que vivem em todos os seres. O comportamento respeitoso não é uma máscara social. É uma prática espiritual enraizada.

As palavras, no Xintoísmo, também são caminhos. Falar com sinceridade, evitar maledicência, escolher o silêncio quando necessário — tudo isso é parte da prática diária. O conceito de kotodama, o "espírito das palavras", revela a crença de que cada som carrega uma vibração espiritual. Dizer algo é lançar uma energia no mundo. E por isso, fala-se com cuidado. Palavras negativas, proferidas de forma impulsiva, turvam o ambiente. Palavras belas, pronunciadas com verdade, purificam.

Mesmo os rituais formais podem se traduzir em ações simples no cotidiano. Ao iniciar uma nova tarefa, muitas pessoas se curvam levemente diante do espaço de trabalho. Ao abrir um novo projeto, acendem uma vela. Antes de uma viagem, fazem uma breve oração. Esses gestos, embora discretos, criam um campo de atenção. E é essa atenção que transforma o ordinário em extraordinário. A religiosidade xintoísta não separa a vida em compartimentos. O tempo de trabalho, o tempo da família, o tempo da refeição, o tempo do descanso — todos são momentos de possível encontro com o sagrado.

Essa forma de espiritualidade não impõe. Ela se insinua. Vai se enraizando na rotina, nos costumes, na maneira de habitar o mundo. E por isso, mesmo aqueles que não se declaram religiosos, acabam praticando o Xintoísmo em seus gestos. O respeito pelo espaço público, o cuidado com a estética, o silêncio em locais naturais, a reverência espontânea diante de uma árvore antiga — tudo isso nasce de uma alma moldada por séculos de convivência com os kami.

A prática do omiyamairi — a primeira visita de um bebê ao santuário — marca, desde cedo, a inserção da criança no campo do sagrado. Ela é apresentada ao kami local, recebe proteção, é abençoada. Esse gesto não é apenas simbólico. Ele inaugura uma relação. E mesmo que ao longo da vida o indivíduo se afaste dos ritos formais, essa conexão permanece latente, silenciosa, viva.

Nos negócios, muitas empresas japonesas iniciam o ano com uma visita coletiva ao santuário. Funcionários, diretores, colaboradores se reúnem diante do altar, fazem oferendas, pedem sabedoria, proteção e harmonia. É um ritual que une espiritualidade e trabalho, que reconhece o kami como parceiro nas atividades humanas. E essa prática ecoa nos valores corporativos: dedicação, integridade, cooperação. O ambiente profissional, quando atravessado por esse espírito, torna-se também um lugar de cultivo interior.

Nos campos, agricultores mantêm pequenos altares em meio às plantações. Honram os deuses da terra, da chuva, do sol. Não plantam sem rezar. Não colhem sem agradecer. A agricultura, nesse contexto, não é apenas técnica. É arte espiritual. Cada estação traz um ensinamento. A espera, o cuidado, a paciência, a aceitação da impermanência — tudo isso forma o caráter. E o alimento que nasce dessa terra espiritualizada carrega uma força que vai além do físico.

Na vida urbana, mesmo entre concreto e tecnologia, o espírito xintoísta encontra espaço. Pequenos santuários entre arranha-céus, árvores preservadas em esquinas movimentadas, fontes com ladle de purificação em locais inesperados — tudo isso são lembretes. O kami não exige natureza intocada. Ele se manifesta onde há respeito. E mesmo o mais apressado dos transeuntes, ao inclinar a cabeça ao passar por um torii, participa do sagrado.

O Xintoísmo, ao oferecer essa religiosidade cotidiana, revela que o essencial não está na complexidade, mas na consciência. Não há separação entre vida e espiritualidade. Viver bem é praticar bem. E praticar bem é viver com beleza, respeito, ordem e gratidão. Não é preciso isolar-se do mundo, nem esperar grandes ocasiões. O agora é o templo. O lar é o altar. A ação é a oração.

Ao reconhecer o cotidiano como espaço sagrado, o Xintoísmo nos convida a uma forma de religiosidade que não se impõe como doutrina, mas se revela como estilo de vida. Esse modo de viver sagrado não depende de grandes discursos ou revelações místicas: ele se constrói na intimidade dos dias comuns. Está em como se caminha pela rua, em como se cumprimenta alguém, em como se toca um objeto com cuidado. Cada gesto torna-se uma assinatura espiritual, um traço de atenção que, repetido ao longo do tempo, molda o espírito com delicadeza e profundidade. É uma espiritualidade que não separa o profano do sagrado — mas os entrelaça, até que não se possa mais distingui-los.

Essa consciência transforma o olhar. A cidade deixa de ser um espaço caótico e se torna um campo de relações vivas. O trabalho cotidiano se converte em expressão de propósito. Os encontros, mesmo os mais breves, carregam a possibilidade de reverência. E assim, o espírito do praticante passa a repousar sobre uma base sólida: o cuidado. Cuidar do espaço, cuidar da palavra, cuidar do tempo, cuidar das relações. O Xintoísmo cotidiano é, antes de tudo, uma ética do cuidado. E essa ética, mesmo silenciosa, é profundamente contagiante. Ela não precisa ser ensinada por imposição. Ela se transmite por convivência, como o aroma do incenso que permanece no ambiente mesmo depois que a fumaça se dissipa.

No fim, viver segundo essa espiritualidade é uma escolha diária — uma escolha por ver beleza onde o olhar distraído veria apenas rotina. É despertar para a dimensão sutil que atravessa a existência, sem negar suas dores ou dificuldades, mas enxergando nelas também a presença dos kami. Pois se cada instante é um templo, e cada ação uma oração, então viver com reverência é, por si só, um caminho sagrado. E nesse caminho, onde cada passo é presença, o divino caminha junto — não acima, não além, mas ao lado, no compasso exato da vida vivida com intenção.

Capítulo 11
Papéis do Sacerdote

Em um santuário silencioso, onde o ar parece mais leve e o tempo repousa com lentidão, uma figura se move com leveza cerimonial. Vestido de branco e azul, ou talvez de vermelho profundo, ele caminha entre o torii e o honden como quem traça pontes invisíveis entre mundos. Ele não se impõe, não se destaca, não exige. Ele serve. Esse é o kannushi, o sacerdote xintoísta. Seu papel não é de dominação espiritual, nem de mediação exclusiva. Ele não é dono do sagrado — é seu guardião. E sua presença é ao mesmo tempo discreta e essencial.

O kannushi é o zelador da pureza, o mantenedor da harmonia do espaço ritual. Ele não comanda os kami. Ele prepara o terreno para que eles se manifestem. Cuida do santuário com mãos dedicadas, preserva os ritos com exatidão, entoa os norito com a voz da tradição. A ele cabe a responsabilidade de manter vivo o fluxo entre o visível e o invisível, entre os humanos e os deuses. Sua função não é interpretativa, mas ritual. Ele não prega. Ele atua.

O caminho para se tornar sacerdote no Xintoísmo não passa por um chamado divino nem por uma iluminação individual. Passa pela formação, pela prática e, sobretudo, pela humildade. Muitas linhagens sacerdotais são hereditárias, mantidas por famílias que há séculos cuidam dos mesmos santuários. Mas também há aqueles que se formam em instituições específicas, como a Universidade Kokugakuin ou a Universidade Kogakkan, onde se estuda a história, a língua clássica japonesa, os rituais, os mitos, a etiqueta e o modo de vida sacerdotal. O treinamento não é apenas técnico — é uma imersão na sensibilidade xintoísta.

A vestimenta do kannushi é parte do seu papel simbólico. O jōe, túnica branca de linho ou seda, representa pureza. O eboshi, gorro preto usado na cabeça, conecta-o aos trajes cortesãos da antiguidade, reforçando a solenidade de sua presença. Em cerimônias mais formais, traja o sokutai, um conjunto complexo de roupas coloridas que remete à vestimenta da corte imperial. Mas mesmo sob tantas camadas, o que transparece é a leveza. O sacerdote não deve chamar atenção para si, mas canalizar a presença do sagrado com discrição.

Nas mãos, ele pode segurar o ōnusa, bastão de madeira com longas tiras de papel branco — os shide — que se agitam como ondas ao vento. Com ele, realiza a purificação. O som das tiras rasgando o ar não é ruído — é vibração. Com o ōnusa, o sacerdote limpa o ambiente, os objetos, as pessoas. Não com imposição, mas com delicadeza cerimonial. Cada movimento carrega intenção. Cada gesto, significado.

Os kannushi não estão isolados. Trabalham em parceria com as miko, assistentes rituais femininas, geralmente jovens mulheres que servem nos santuários com vestes brancas e saias vermelhas. A presença da miko é luminosa e silenciosa. Ela prepara as oferendas, realiza danças cerimoniais — as kagura —, cuida da estética do espaço sagrado. Sua figura é a continuidade viva das xamãs ancestrais, das mulheres que, desde tempos imemoriais, serviam como médiuns entre os kami e os homens. A miko não é subalterna — ela é complementar. Sua dança não é entretenimento — é invocação. Seu silêncio não é ausência — é escuta.

Juntos, kannushi e miko sustentam a integridade do santuário. São os cuidadores do ritmo sagrado. Não impõem regras morais, não se arrogam em donos de verdades. Eles mantêm o fluxo. Acordam cedo para limpar o recinto, preparam as oferendas com precisão, recitam os norito em cerimônias de bênção, purificação, celebração. Eles não se colocam entre o devoto e o kami — eles apenas garantem que o espaço, o tempo e o gesto estejam prontos para o encontro.

Em momentos de transição na vida dos devotos, os sacerdotes assumem papel fundamental. No nascimento de uma criança, realizam o omiyamairi, a primeira visita ao santuário. No casamento, conduzem o shinzen kekkon, onde os noivos juram união diante dos deuses, compartilham o saquê sagrado e reverenciam juntos. Nos rituais de passagem da infância para a juventude, estão presentes, guiando com sobriedade e ternura. Cada rito conduzido pelo kannushi é uma costura invisível no tecido da vida, unindo a experiência humana ao campo dos deuses.

Mas não são apenas celebrações. Em tempos de crise, o sacerdote também atua. Diante de desastres naturais, como terremotos ou tufões, realiza rituais para restaurar a ordem, confortar os enlutados, purificar a terra. Sua presença se torna âncora. Não há promessas de explicação. Há apenas a certeza de que o kami continua presente, e que a harmonia, mesmo rompida, pode ser restaurada com sinceridade, com cuidado, com ritos.

Muitos kannushi vivem junto aos santuários, em residências anexas. Sua vida é simples, marcada pelo ritmo dos dias e das estações. Eles não buscam projeção, não vendem milagres. Sua recompensa está no serviço. Ao cuidar do altar, estão cuidando da alma do povo. Ao acender uma vela, estão iluminando o caminho de quem se aproxima. Ao entoar um norito, estão oferecendo sua voz como ponte entre mundos. E tudo isso é feito com o silêncio dos que sabem que o essencial não precisa de palavras.

Ser sacerdote no Xintoísmo não é vestir uma identidade — é sustentar um modo de ser. É manter-se puro, atento, disponível. É viver com os kami, por eles e para eles. E por isso, o kannushi se torna, ele mesmo, um reflexo do que preserva. Sua postura, seu olhar, seu gesto, tudo transmite a presença que ele honra. Ele é símbolo vivo do princípio de que o sagrado não é distante — é cultivado, cuidado, alimentado com ações discretas e contínuas.

Nos tempos modernos, muitos sacerdotes enfrentam desafios novos. A diminuição de praticantes regulares, a urbanização, a modernização da linguagem. E mesmo assim, continuam firmes. Adaptam-se, sem perder a essência. Recebem visitantes estrangeiros com hospitalidade. Explicam os rituais com paciência.

Abrem os portões dos santuários para quem busca algo — mesmo que não saiba o que exatamente. O sacerdócio xintoísta não fecha portas — ele as mantém abertas. Porque a presença do kami não depende da nacionalidade, da origem ou do saber. Depende apenas da sinceridade.

Ao final do dia, quando as lanternas são acesas, quando o santuário mergulha no silêncio, o sacerdote ainda está ali. Talvez varrendo o chão com uma vassoura simples. Talvez limpando os objetos do altar. Talvez sentado em silêncio diante do honden. Ninguém o vê, ninguém o aplaude. Mas o kami sabe. E essa consciência basta.

Sob a luz suave das lanternas, o kannushi prossegue sua jornada como quem caminha entre mundos, carregando a tarefa invisível de sustentar o laço entre o humano e o divino. Ainda que os olhos contemporâneos se acostumem ao barulho e à velocidade, há uma força silenciosa no gesto repetido, no rito executado com esmero, no cuidado que não busca reconhecimento. O sacerdote não se afasta do presente — ele o abraça à sua maneira, mostrando que mesmo num mundo em constante mutação, há espaço para aquilo que permanece, para aquilo que se cuida em silêncio. Sua permanência é resistência, mas também compaixão.

É por isso que o kannushi não representa apenas a memória viva de uma tradição, mas também sua renovação discreta. Ele acolhe as transformações sem se deixar descaracterizar por elas. Se o fluxo dos visitantes muda, ele muda o modo de receber. Se a linguagem se altera, ele encontra novas formas de expressar o mesmo espírito. O sacerdócio, assim, revela-se como um ofício do tempo — um tempo que não se mede apenas por relógios, mas por estações, por ritos, por gestos. E cada gesto, mesmo o mais simples, ainda carrega o peso e a leveza do sagrado.

Na última curva do dia, quando o incenso já se dissipou e o vento noturno acaricia os galhos do santuário, o kannushi permanece. Não porque precise, mas porque escolheu estar. Ele não espera ser lembrado — ele apenas cumpre o que deve ser feito. E nesse fazer contínuo, discreto e comprometido, ele se dissolve no ofício que abraçou, como água que alimenta a raiz sem chamar atenção para si. É nesse desaparecer no gesto que o sacerdote se revela inteiro.

Capítulo 12
Sacerdócio Feminino

Em tempos antigos, quando o mundo ainda não era dividido por estruturas rígidas de poder e a espiritualidade caminhava em consonância com o instinto e a intuição, a voz das mulheres ecoava nos rituais como som primordial. Elas dançavam, entoavam cânticos, interpretavam os sinais invisíveis do vento, da água, do fogo. No Japão ancestral, antes mesmo que o Xintoísmo assumisse formas oficiais, o sacerdócio feminino já existia como expressão natural da sensibilidade espiritual. A mulher, com sua conexão orgânica aos ciclos da vida, à terra e às águas do ventre, era canal direto para os kami.

Esse elo nunca se perdeu. Ele sobreviveu ao tempo, às reformas, às estruturas masculinas, às adaptações políticas. Ele permanece, sutil e firme, nas figuras das miko — as assistentes espirituais femininas dos santuários xintoístas — e, mais recentemente, nas sacerdotisas plenamente ordenadas. A espiritualidade xintoísta não vê conflito entre feminino e sagrado. Ao contrário, ela reconhece na energia feminina uma expressão essencial do divino.

A figura da miko remonta às antigas xamãs, conhecidas como kannagi, mulheres que recebiam os deuses em seu corpo, que dançavam em estado de transe, que comunicavam as mensagens dos kami ao povo. A mais emblemática dessas figuras é Himiko, a rainha-xamã que governou o reino de Yamatai no século III. Ela não comandava apenas politicamente — era a ponte viva entre os mundos. Sua autoridade era espiritual, reconhecida inclusive por registros chineses. Ela se isolava, vivia em castidade, e falava pelos deuses. Sua existência prova que o sacerdócio feminino não é concessão moderna — é fundação arcaica.

Com o tempo, a figura da miko foi sendo institucionalizada, mas sem perder seu caráter ritual. Ela se tornou a guardiã da beleza cerimonial, da dança sagrada, da oferenda silenciosa. Vestida de branco e vermelho, com longas mangas e movimentos suaves, ela se desloca pelo espaço sagrado como presença que não pesa, como vento que reorganiza a energia do lugar. Sua dança — a kagura — não é performance. É invocação. Cada gesto é uma palavra. Cada giro, uma saudação. Ao mover-se diante do altar, a miko não representa — ela manifesta.

Nas cerimônias, a miko prepara as oferendas com mãos delicadas, posiciona os elementos com precisão, canta hinos que acalmam e despertam. Sua presença é discreta, mas fundamental. Ela sustenta a harmonia do ritual com o silêncio de quem serve ao invisível. Ela não explica. Ela revela. O santuário, em sua presença, torna-se mais leve, mais atento, mais vivo.

Muitas miko atuam de forma temporária, durante a juventude, antes do casamento. Mas há aquelas que, movidas por vocação profunda, permanecem. E há, também, aquelas que transcendem o papel de assistentes e tornam-se sacerdotisas plenas — uma possibilidade que, embora menos comum, tem se ampliado nas últimas décadas. A mulher, hoje, pode ser ordenada sacerdotisa, conduzir rituais, recitar norito, administrar santuários. E quando o faz, não imita o sacerdócio masculino. Ela imprime sua própria vibração, sua própria cadência espiritual.

A atuação da mulher no Xintoísmo nunca foi secundária. Mesmo nas eras em que o patriarcado se impunha em outras tradições religiosas, os santuários japoneses continuavam a abrigar o feminino. Algumas das divindades mais veneradas do panteão xintoísta são femininas: Amaterasu, a deusa do sol, origem da linhagem imperial; Konohanasakuya-hime, deusa da flor da cerejeira e dos vulcões; Ame-no-Uzume, a deusa da dança, da alegria e da revelação. Cada uma carrega uma força distinta, mas todas revelam a vitalidade do feminino como potência criadora e ordenadora.

A mulher, ao exercer o sacerdócio, não apenas repete ritos — ela canaliza essa linhagem espiritual. Ela se alinha a essas forças arquetípicas que governam a vida, a beleza, o tempo e a transformação. Sua presença no santuário é mais do que uma função — é uma afirmação de que o sagrado não tem gênero fixo, mas se manifesta conforme o espírito e a pureza de intenção.

Nas comunidades, a presença da mulher como figura espiritual também é acolhida com naturalidade. Em festivais locais, muitas vezes são as senhoras mais velhas que lideram as procissões, que mantêm vivos os cânticos antigos, que ensinam às crianças os gestos e os ritos. Elas não foram ordenadas por instituições, mas pela própria continuidade da tradição. São sacerdotisas por vivência, por herança, por devoção silenciosa.

A intuição, qualidade tantas vezes marginalizada em contextos racionais, é no Xintoísmo uma forma legítima de conhecimento espiritual. A mulher, com sua sensibilidade aos ciclos, às emoções, à linguagem não verbal, encontra nesse campo uma afinidade profunda com os modos do kami. O deus xintoísta não se impõe — ele se insinua. Não fala alto — ele sussurra. E ouvir esses sussurros exige a escuta fina que o feminino, em sua forma mais plena, carrega.

Nos rituais de purificação, a presença feminina é, muitas vezes, o elemento que suaviza e harmoniza o campo espiritual. Ao oferecer os ramos sagrados, ao conduzir o canto litúrgico, ao sustentar o silêncio com presença, a sacerdotisa cria o espaço para que o kami se manifeste. Não há hierarquia entre ela e o sacerdote homem. Há complementaridade. O equilíbrio entre forças que, unidas, tornam o santuário um espelho da ordem natural.

A ascensão das sacerdotisas formais no Xintoísmo moderno não representa uma ruptura. Representa um retorno. Um reequilíbrio. Em um mundo que tenta reorganizar suas formas de poder, o Xintoísmo oferece um exemplo sutil de como o feminino e o masculino podem coexistir no sagrado sem exclusão. E essa convivência não nasce de decretos. Nasce da prática. Da reverência mútua. Do reconhecimento de que o kami responde à sinceridade, não ao gênero.

A mulher, ao exercer o sacerdócio, traz também a dimensão do cuidado. Ela observa detalhes, nota alterações no campo energético, percebe as emoções não ditas dos devotos. Sua escuta é mais ampla. Seu olhar, mais simbólico. E ao acolher, ao orientar, ao acalmar, ela realiza a função primeira do sagrado: reconduzir à harmonia.

Em alguns santuários, grupos de mulheres se reúnem para manter os ritos vivos. Costuram os trajes, limpam os caminhos, cuidam das flores, recitam orações. Fazem isso sem reconhecimento público, sem expectativa de recompensa. Fazem porque sabem. E esse saber, transmitido de mãe para filha, de avó para neta, mantém acesa uma chama invisível que sustenta a continuidade da tradição.

A mulher, no sacerdócio xintoísta, não é exceção. É raiz. E como raiz, ela sustenta, mesmo que não apareça. Sua força está na constância. No cuidado. Na beleza que não busca holofotes. Sua presença é o que torna o espaço sagrado habitável, sensível, fértil.

No final de um dia ritual, quando as velas se apagam e o silêncio se instala novamente no santuário, a sacerdotisa recolhe os objetos com mãos firmes e suaves. Ela limpa o altar como quem acaricia um ser vivo. Ela dobra os panos com respeito. Ela permanece. Porque o seu serviço não termina com o rito — ele continua na forma como caminha, como fala, como vive. Ela é sacerdotisa não apenas quando veste o traje cerimonial, mas em cada gesto cotidiano. Porque o sagrado, para ela, é estado permanente de atenção.

No recolhimento dos gestos cotidianos, o sacerdócio feminino revela sua natureza mais profunda: uma espiritualidade que não se anuncia, mas se infiltra nas dobras do tempo, do espaço e da presença. A mulher, quando atua no sagrado, não cria rupturas — ela reforça os laços. Sua prática não é apenas litúrgica, mas existencial. A cada oferenda silenciosa, ela reafirma a ideia de que o espiritual não é algo separado da vida, mas sua continuidade em outro tom, mais sutil. Seu corpo, sua voz, sua escuta tornam-se instrumentos de uma liturgia que se estende para além do altar, alcançando o cotidiano como extensão do divino.

Esse modo de estar no mundo transforma o sacerdócio feminino em uma referência viva de equilíbrio e permanência. A mulher não busca dominar o rito — ela o sente. Não reivindica espaços por imposição, mas por fidelidade a um chamado que antecede qualquer sistema. Seu saber espiritual é entrelaçado à prática, ao cuidado, à transmissão silenciosa. E quando ela conduz um ritual ou apenas cuida do espaço sagrado, imprime ali sua assinatura energética, aquela que torna o ambiente mais acolhedor, mais íntegro, mais receptivo à presença dos kami. Assim, o feminino no Xintoísmo não é adereço ou concessão — é pulsação original do sagrado, força fundante que continua a nutrir o presente com a sabedoria do invisível.

No fim, a sacerdotisa permanece não porque alguém a tenha colocado ali, mas porque ela nunca deixou de estar. Seu papel é anterior às instituições, mais antigo que os registros e mais resiliente que as estruturas. Ela é a guardiã silenciosa do espírito do santuário, a chama que não se apaga, a escuta que acolhe, o gesto que cura. E por isso, mesmo quando ninguém mais observa, quando os sinos cessam e as oferendas são recolhidas, sua presença continua preenchendo o espaço como um eco sagrado que não precisa de voz para ser ouvido.

Capítulo 13
Danças Sagradas

Há uma linguagem que antecede a palavra. Uma forma de comunicação que não depende de som, nem de escrita, mas que vibra no corpo, no ar e na memória ancestral dos povos. Essa linguagem é a dança. No Xintoísmo, ela não é arte cênica, nem espetáculo. É rito. É gesto que convoca, que desperta, que atrai a presença dos deuses. Ela se chama kagura — a dança sagrada.

A origem da kagura está entrelaçada a um dos mitos fundadores mais belos do Xintoísmo: o episódio em que Amaterasu, a deusa do sol, esconde-se em uma caverna após se sentir ofendida e humilhada por seu irmão Susanoo. A escuridão se instala sobre o mundo. O frio, o caos e o silêncio dominam a terra. Os deuses, reunidos, tentam em vão convencê-la a sair. Até que uma deusa, Ame-no-Uzume, decide dançar. Ela sobe em um barril, rasga suas roupas, agita os quadris, solta risadas. Os deuses, surpresos, riem. O riso ecoa. A curiosidade desperta Amaterasu. Ela espreita a entrada da caverna. E, ao ver o reflexo de sua luz em um espelho ali posicionado, é seduzida por sua própria beleza. Sai. E com ela, a luz retorna ao mundo.

Essa narrativa não é uma lenda estática. É uma chave espiritual. Ela mostra que a alegria, o movimento, a sensualidade e a arte têm poder de cura, de convocação, de restauração da ordem. A dança de Uzume não foi fútil — foi necessária. E por isso, em sua homenagem, e em honra à luz que se manifesta no corpo em movimento, nasceu a kagura.

As danças sagradas do Xintoísmo não são improvisações. Cada passo, cada inclinação, cada giro tem significado. Não há pressa. A beleza está na precisão. Os braços se movem como galhos ao vento. As mãos descrevem formas que evocam ciclos da natureza. Os pés tocam o chão com respeito, como quem desperta a terra. O ritmo não é frenético. Ele é meditativo. E o corpo torna-se, ele mesmo, um altar.

Existem dois grandes tipos de kagura: a miko kagura, dançada pelas sacerdotisas — miko — dentro dos santuários, e a sato kagura, apresentada em festivais e espaços comunitários. A miko kagura é mais introspectiva, marcada por gestos delicados, pelo uso de sinos manuais (suzu), de ramos de sakaki e de longas mangas que flutuam como nuvens. A dançarina não exibe emoção exagerada. Ela se mantém contida, serena, como canal que se abre para o kami. Sua presença é oração em movimento.

A sato kagura, por sua vez, é mais popular e teatral. Inclui máscaras, tambores, flautas e representações dramáticas de mitos. Nela, os dançarinos interpretam episódios como o combate entre Susanoo e o dragão de oito cabeças, ou a criação das ilhas pelo casal Izanagi e Izanami. A dança torna-se narrativa. Mas mesmo assim, não perde sua sacralidade. Porque mesmo ao encenar, o propósito é invocar. Atrair os deuses. Abrir o espaço para sua presença.

Nos festivais, a kagura pode ser apresentada em palcos elevados dentro do terreno do santuário, chamados kagura-den. Ali, músicos tocam instrumentos tradicionais como o taiko (tambor), o hichiriki (flauta de palheta dupla) e o shō (órgão de boca que emite acordes etéreos). A música não acompanha — ela conduz. Ela dita o tempo do gesto, a emoção do espaço. E os dançarinos se movem em conformidade com esse fluxo sonoro. Não há coreografia para ser admirada. Há um campo vibracional a ser acessado.

O público, por sua vez, não assiste no sentido ocidental da palavra. Ele participa com a alma. Ele se abre ao que acontece. Ele reconhece que o que se desenrola diante de seus olhos não é um espetáculo, mas uma ponte. Muitos, ao verem a dança, sentem lágrimas sem razão aparente. Outros, um calor súbito. Outros ainda, um estado de tranquilidade profunda. A kagura age no invisível. Ela atua na alma.

Em alguns santuários antigos, especialmente nas regiões de montanha, existem formas arcaicas de kagura preservadas há séculos. Nelas, os dançarinos vestem máscaras feitas de madeira ou argila, que representam kami, animais, ancestrais. As máscaras não são acessórios. Elas são canais. Ao vesti-las, o dançarino deixa de ser ele mesmo. Torna-se veículo. E nesse estado de "esquecimento de si", ele permite que o kami se manifeste. O corpo emprestado dança com o espírito que habita o ar.

Não raro, essas danças duram horas, atravessam a noite, terminam ao amanhecer. E ao fim, o que permanece não é exaustão. É um campo purificado. Uma comunidade reunida. Um povo novamente em harmonia com o céu e a terra. A kagura, assim, não é entretenimento. É manutenção da ordem cósmica. É serviço espiritual.

Aqueles que dançam a kagura não o fazem por vaidade. Não há fama, nem glória. Há disciplina. Há devoção. O treinamento é longo. Começa na infância, transmitido oralmente, com observação silenciosa, com repetição paciente. Os movimentos não se aprendem por livros. Aprendem-se pelo corpo. E o corpo aprende pela escuta. Cada músculo se educa a reconhecer o gesto certo, o tempo certo, o ponto exato onde o kami pode entrar.

A kagura também ensina que a arte não é secundária. Ela é essencial. Num mundo que valoriza apenas a razão, o cálculo, a produtividade, o Xintoísmo recorda que o corpo em estado de beleza é portal. E que dançar, quando feito com verdade, é rezar com o corpo inteiro. A dança sagrada não busca público. Ela busca presença. Presença de espírito. Presença de kami. Presença de quem dança.

Em muitos lares, versões simplificadas da kagura são praticadas em datas especiais. Mães dançam para agradecer pelo nascimento dos filhos. Anciãs dançam para proteger seus descendentes. Homens e mulheres dançam juntos ao redor do fogo. O círculo se forma. E o tempo se transforma. Porque na dança, o tempo não é linear. Ele gira. Ele volta à origem. Ele refaz o caminho da luz.

Ao refletir sobre a kagura, compreende-se que o Xintoísmo não é uma fé de palavras. É uma fé de gestos. De posturas. De corpos que se oferecem em reverência. E é por isso que a dança ocupa um lugar tão alto: ela une o que é físico com o que é etéreo. Une o músculo com o mito. Une o suor com o sagrado.

Aqueles que já testemunharam uma kagura verdadeira sabem que algo muda. Mesmo sem entender, sentem. Porque ali, entre o tambor que pulsa, o véu que flutua, o olhar que se perde no altar, ali habita o kami. E o espaço que se abre não se fecha tão cedo. Ele permanece. E continua a dançar dentro de quem o viu.

O movimento sagrado da kagura não se encerra com o fim do ritual — ele se prolonga nos corpos e nos corações daqueles que o presenciaram. Como a reverberação de um sino, sua presença ecoa por dentro, ajustando frequências internas, despertando camadas esquecidas da sensibilidade humana. O gesto que parecia simples revela-se portal. A repetição de passos, um caminho de retorno. Não é uma dança que se interpreta — é uma dança que se atravessa. E, ao atravessá-la, o indivíduo se realinha com o ritmo primordial da existência, aquele que pulsa antes mesmo da linguagem, e que ressoa ainda hoje nos santuários onde o tempo é espiral.

Essa dimensão da dança como ponte entre mundos nos lembra que o corpo não é mero instrumento: é território de revelação. Na kagura, o corpo torna-se espelho da natureza — ora leve como o vento, ora firme como a montanha, ora fluido como os rios. O dançarino não se exibe, ele se oferece. E nesse oferecimento, participa de uma liturgia maior que ele mesmo. Quando o kami é acolhido pelo gesto puro, a dança não apenas representa o sagrado: ela o torna presente. Assim, o rito não se limita ao santuário. Ele se alastra para o mundo. Cada pessoa tocada pela kagura leva consigo a memória vibrante dessa passagem, e carrega em si a centelha do sagrado que dançou diante de seus olhos.

    E é por isso que a kagura permanece viva. Porque não depende da audiência, nem da fama, nem do registro escrito. Depende apenas de um corpo disponível, de um espaço consagrado e de uma intenção verdadeira. Enquanto houver alguém que dance com o espírito do mundo, enquanto houver pés que toquem o chão como se beijassem a terra, a luz que Amaterasu trouxe de volta jamais se apagará. Ela continuará a nascer, não apenas no céu, mas no coração de cada um que compreende que dançar é, no fundo, um modo de lembrar quem somos.

Capítulo 14
Sons e Símbolos

Há lugares onde não é preciso dizer nada. Onde o som do sino que ecoa ao vento é suficiente para fazer o espírito se aquietar. Onde a visão de um arco vermelho diante de árvores antigas basta para que o coração reconheça a fronteira entre o mundo comum e o mundo dos kami. O Xintoísmo é uma tradição onde a linguagem não se limita à palavra. Ela se estende aos sons, aos símbolos, às formas que preenchem o espaço e moldam a atmosfera. O invisível fala, e ele o faz através da beleza.

O som tem poder. No Xintoísmo, ele não serve apenas para preencher o silêncio, mas para despertá-lo. O suzu, o pequeno sino pendurado nas entradas dos santuários, não é apenas decorativo. Ele chama o kami. Sua vibração afasta as impurezas, rompe as camadas de distração, e sintoniza a alma ao espaço sagrado. Ao chegar a um santuário, o visitante agita o sino antes de fazer sua oferenda. É como se dissesse: "Estou aqui. Acordado. Presente." E o som metálico que se espalha pelo ar carrega consigo essa presença.

O som das palmas também é central. Bater duas vezes as mãos diante do altar é mais que tradição — é gesto ritual. As palmas marcam o início da comunicação com os deuses. Elas cortam a dispersão. Alinham o corpo, a mente e o espírito. Despertam o kami e o praticante. É um som seco, ritmado, que reverbera não apenas no ar, mas na alma. E no intervalo entre as palmas, instala-se o silêncio. Um silêncio que não é vazio, mas pleno. Pleno da escuta.

Há também os tambores — taiko — que anunciam os festivais, as danças e as procissões. Seu som é grave, profundo, corporal. O tambor vibra na terra, na madeira, no corpo de quem o toca. É som de nascimento, de passagem, de invocação. Ele marca o ritmo da vida comunitária e do rito coletivo. Quando o taiko toca, ninguém permanece indiferente. Ele fala com o corpo antes de falar com o intelecto. Ele convida à participação.

A música tradicional dos rituais — o gagaku — combina instrumentos como o shō, o hichiriki, o koto, criando paisagens sonoras que não conduzem a melodias reconhecíveis, mas a estados de espírito. É uma música que não se ouve com os ouvidos apenas, mas com o corpo inteiro. Ela reorganiza o espaço interno. Suas notas longas, suas pausas, seus timbres raros, tudo isso contribui para gerar uma atmosfera onde o tempo se dissolve e o kami pode se aproximar.

Mas não é apenas o som que comunica. Os símbolos visuais são portais silenciosos. O torii, com sua forma simples de dois pilares verticais ligados por duas traves horizontais, é o símbolo mais icônico do Xintoísmo. Ele não protege com barreiras — delimita com presença. Ao atravessá-lo, o visitante entra em outro campo de realidade. Mesmo que o espaço além do torii pareça idêntico ao espaço anterior, algo muda. O corpo sabe. A alma sabe. O torii não fecha, mas abre. E sua cor, geralmente vermelha ou laranja, não é casual. É a cor da vida, da proteção, da sacralidade. Uma cor que repele o mal e convida à atenção.

Outro símbolo recorrente são as shimenawa, cordas trançadas de palha de arroz, penduradas em locais sagrados — árvores antigas, pedras especiais, portais. Elas indicam que ali reside um kami, ou que aquele espaço é pura manifestação do sagrado. As tiras de papel branco pendentes, chamadas shide, tremulam ao vento como línguas silenciosas. Elas não falam, mas dizem. Não explicam, mas apontam.

Os trajes rituais também são linguagem simbólica. O branco dos sacerdotes, das miko, dos devotos em purificação, não é ausência de cor. É plenitude. É pureza. É o tecido que reflete toda a luz. Vestir-se de branco é declarar-se limpo, disponível, receptivo. É abrir o corpo para a passagem do kami. O vermelho das miko representa vitalidade, proteção, fertilidade. As cores dizem o que as palavras não alcançam.

Há ainda os ofuda, talismãs de papel ou madeira consagrados nos santuários. Eles contêm o nome do kami e são colocados em casa, nos kamidana, como prolongamentos do espaço sagrado. Não são amuletos no sentido supersticioso. São presenças. São focos de energia. Quem os mantém com respeito, quem os limpa, quem os reverencia, cultiva não apenas proteção, mas conexão.

Os omamori, pequenos amuletos de tecido com bênçãos específicas — para saúde, estudos, proteção em viagem, fertilidade — são formas de manter o kami por perto. Seu valor não está no objeto, mas na relação que ele representa. O devoto o leva consigo como lembrete. Como âncora espiritual. Como sinal de que não caminha sozinho.

Há também as ema, plaquinhas de madeira onde se escrevem desejos, agradecimentos ou votos. Elas são penduradas em estruturas dentro dos santuários. Cada uma carrega a voz de um coração. Um pedido por cura. Um agradecimento por uma vitória. Uma esperança diante do desconhecido. Juntas, as ema formam um coral silencioso de humanidade. E os kami leem. Leem não com olhos, mas com presença.

Os tamagushi, ramos de sakaki enfeitados com tiras de papel, são oferecidos em cerimônias como gesto de reverência. O ramo, verde, representa a vida. O papel branco, a pureza. O ato de girar o ramo e depositá-lo diante do altar é um poema gestual. Um movimento que fala: "Ofereço o melhor de mim. Com beleza. Com ordem. Com entrega."

Tudo no Xintoísmo é símbolo. Mas não símbolo como representação arbitrária. Símbolo como epifania. Como revelação. O mundo não precisa ser explicado — ele precisa ser honrado. E os símbolos são o idioma dessa honra. Eles não traduzem o sagrado — eles o tornam acessível. Eles não são sinais externos — são caminhos interiores.

Por isso, quem visita um santuário, mesmo sem saber, mesmo sem entender, sente. Algo muda. Algo se alinha. Porque os símbolos falam diretamente ao espírito. Eles ultrapassam as barreiras da linguagem, da cultura, da crença. São universais. São eternos. São vivos.

O Xintoísmo ensina que tudo comunica. O som do sino. A curvatura do telhado. O bambu que se dobra. A pedra coberta de musgo. O papel que dança ao vento. O espaço entre dois torii. O modo como o corpo caminha ao se aproximar do altar. Tudo é mensagem. Tudo é presença. Tudo é kami.

E quando o devoto, em silêncio, se deixa tocar por esses sons e símbolos, ele entra no campo da escuta profunda. Ele aprende a ler o mundo com outros olhos. A ouvir com o coração. A perceber com a alma. E nesse estado, cada gesto se torna rito. Cada espaço, santuário. Cada instante, um chamado.

Em meio a esse universo de sons e símbolos, o praticante do Xintoísmo redescobre a sensibilidade como forma de sabedoria. Ele não busca compreender com a mente apenas, mas com o corpo inteiro, com os sentidos abertos, com a atenção acordada. O rito não o isola do mundo — o reintroduz nele com outra escuta. A vibração do suzu, a batida do taiko, o desenho de um shide tremulando ao vento: cada elemento torna-se convite para estar mais inteiro, mais presente, mais verdadeiro. O espaço sagrado não é outro mundo. É este mundo, percebido com delicadeza e reverência.

Essa presença sensível é o que permite ao devoto decifrar o silêncio cheio dos santuários. Não é necessário conhecer todos os nomes, nem entender todos os gestos. O que importa é a disposição para sentir, para deixar que a alma responda sem pressa ao chamado dos símbolos. Quando o corpo se curva, quando as mãos se juntam, quando o olhar repousa no torii com respeito, o praticante participa de uma linguagem que atravessa o tempo. E é nesse gesto simples, porém pleno, que o mundo se reencanta — não por algo que se acrescenta, mas pelo que se revela. O símbolo, afinal, não esconde: ele desvela.

É por isso que o Xintoísmo não se impõe com dogmas, mas se revela com gestos. Ele não exige fé cega, mas atenção clara. Os sons e os símbolos que preenchem seus ritos são testemunhos de uma espiritualidade que não precisa ser explicada para ser vivida. Ao contrário, quanto menos se tenta traduzir, mais se compreende. Porque o kami fala na linguagem do mundo, e o mundo fala àqueles que estão dispostos a ouvir. O sino, a corda, o papel, a madeira — tudo vibra em uníssono com o espírito que busca. E nessa harmonia silenciosa, cada som e cada símbolo tornam-se passagem. Tornam-se presença.

Capítulo 15
Ritos de Passagem

A existência não é linha reta. Ela se desenha em ciclos, em curvas, em espirais que se repetem e se renovam com sutileza. No Xintoísmo, cada etapa da vida humana é acompanhada por ritos que não apenas marcam o tempo, mas o consagram. Esses momentos, conhecidos como ritos de passagem, não são formalidades sociais — são transições espirituais. Nascimento, infância, juventude, casamento, longevidade: cada um desses marcos é celebrado com reverência, pois cada um representa uma mudança de estado, uma renovação da presença divina no indivíduo e na comunidade.

O primeiro desses ritos é o hatsumiyamairi, a primeira visita do recém-nascido ao santuário. Realizado geralmente no trigésimo primeiro dia de vida para meninos e trigésimo terceiro para meninas, esse ritual marca a introdução formal do bebê ao mundo espiritual. Ele é levado pelos pais e avós ao santuário local, vestido com roupas tradicionais, envolvido com ternura e expectativa. O sacerdote realiza uma breve cerimônia diante do altar, oferecendo orações aos kami, pedindo proteção, saúde, crescimento harmonioso. A criança não compreende com a mente, mas sua alma reconhece o gesto. A partir desse dia, ela é reconhecida pelos deuses como parte da comunidade humana. E sua vida, ainda em seus primeiros dias, já se entrelaça ao fio invisível do sagrado.

O hatsumiyamairi não é apenas para o bebê — é também um rito para os pais. Marca o início de uma nova fase, com responsabilidades, alegrias e desafios. A ida ao santuário é uma forma de declarar: "Não estamos sozinhos. Somos três agora. E buscamos caminhar com os deuses." O santuário, por sua vez, acolhe essa nova vida com suavidade. Ele não exige nada — apenas presença.

Com o passar dos anos, a criança cresce. E por volta dos três, cinco e sete anos, realiza-se outro rito fundamental: o Shichi-Go-San, literalmente "sete-cinco-três". Nessa cerimônia, as crianças vestem trajes tradicionais — quimonos coloridos, hakama, faixas de seda — e visitam o santuário para agradecer pela saúde até ali recebida e pedir bênçãos para o próximo ciclo de crescimento. Os meninos são levados ao templo aos três e cinco anos; as meninas, aos três e sete. É um momento de beleza visível, de alegria compartilhada, mas também de profunda significação espiritual. A infância não é vista como um intervalo, mas como parte sagrada do caminho. E cada ano vivido é digno de celebração.

Durante o Shichi-Go-San, as crianças recebem chitose-ame, balas compridas embrulhadas em papel decorado com imagens de tsurus e tartarugas — símbolos de longevidade. O nome significa "bala dos mil anos", expressando o desejo de que a vida da criança seja longa, próspera e feliz. Mais que um presente, é uma oferenda em forma de doçura. A doçura que se deseja para o destino.

Ao atingir a juventude, novos ritos marcam a transição do indivíduo. Embora o Xintoísmo não tenha um ritual fixo para a maioridade, a cerimônia de seijin shiki, realizada aos vinte anos, é profundamente influenciada pela sensibilidade espiritual japonesa. Nela, os jovens são reconhecidos como membros plenos da sociedade, assumem responsabilidades, e reafirmam seu compromisso com a comunidade. Muitos escolhem visitar o santuário nesse dia, agradecer pelo ciclo da infância e pedir sabedoria para os novos caminhos. As moças usam furisode — quimonos com mangas longas e elaboradas — e os rapazes vestem ternos ou hakama cerimonial. O dia é marcado por orgulho, por beleza, por introspecção. É a juventude diante do altar, não em busca de festa, mas de direção.

Entre todos os ritos de passagem, talvez nenhum seja tão envolto de simbolismo quanto o shinzen kekkon, o casamento diante dos deuses. Essa cerimônia une não apenas dois indivíduos, mas duas linhagens, duas histórias, dois caminhos de vida. O casal, vestido com trajes formais — a noiva em branco absoluto, o noivo em hakama escuro — é conduzido ao altar do santuário. Ali, diante do sacerdote e de seus familiares, realiza-se o rito. Não há extravagância. Há ordem. Há beleza contida. Há reverência.

Durante o casamento, o casal realiza o ritual do san-san-kudo — três goles de saquê, repetidos três vezes, totalizando nove goles. O número três representa a continuidade, o nove a plenitude. Cada gole é mais que um gesto: é um voto silencioso de comunhão, de partilha, de presença. O saquê é símbolo da vida, da fermentação que transforma o simples em sagrado. E ao beberem juntos, os noivos selam não apenas um contrato, mas uma promessa invisível. Os kami testemunham. E ao final da cerimônia, o casal se inclina diante do altar como quem se oferece mutuamente diante do cosmos.

Mais adiante na vida, os ritos de passagem não cessam. O envelhecimento também é celebrado. No aniversário de sessenta anos, realiza-se o kanreki, que marca o retorno ao ciclo zodiacal original e simboliza o renascimento espiritual. Aos setenta, setenta e sete, oitenta e oitenta e oito anos, novas celebrações são feitas, conhecidas como kiju, shichiju-shichi, beiju e hachi-ju-hachi. Cada uma delas não é apenas contagem de tempo. É reconhecimento de que a vida se prolonga, de que os deuses sustentam, de que o corpo pode envelhecer, mas o espírito se torna cada vez mais refinado.

Nesses ritos da longevidade, a família se reúne. Os filhos e netos homenageiam os mais velhos. E a gratidão se manifesta em forma de presentes, orações, palavras, comidas preparadas com atenção. O idoso é visto como elo entre gerações, como presença ancestral viva. E ao ser honrado, transmite também bênçãos. Não com discursos, mas com olhar. Com a sabedoria silenciosa de quem viveu e permaneceu com o coração limpo.

Importante notar que, embora o Xintoísmo celebre intensamente a vida, a morte, por outro lado, é tratada com discrição. Por carregar a energia da impureza, o kegare, os ritos funerários são tradicionalmente associados ao Budismo, que lida com o pós-vida, com o renascimento e com o sofrimento. O Xintoísmo, ao se centrar no presente, no aqui e agora, na pureza e na continuidade, foca em celebrar o que ainda pulsa. Mesmo assim, os mortos não são esquecidos. São reverenciados como ancestrais, como kami que continuam a influenciar o mundo dos vivos. Mas o luto, o funeral, o contato com o corpo sem vida — esses são domínios tratados com recato, afastados dos santuários para preservar o campo de pureza.

Cada rito de passagem no Xintoísmo é, portanto, um momento de reintegração. Reintegração do indivíduo ao ciclo maior da existência. Reintegração da comunidade ao seu eixo espiritual. Reintegração da vida ao fluxo dos kami. Nada é feito por acaso. Nada é gratuito. Cada gesto é costurado com cuidado. Cada palavra é entoada com intenção. Cada oferenda é expressão de gratidão.

Viver segundo o Xintoísmo é aprender a perceber esses marcos como pontos de transição espiritual. Não apenas aniversários ou cerimônias familiares, mas instantes em que o tempo se abre. E quando o tempo se abre, os deuses passam. Eles não entram com estrondo — entram com vento leve. E se a alma estiver atenta, ela sente. E responde.

Esses ritos de passagem revelam que, no Xintoísmo, a vida é celebrada em sua inteireza, como um caminho que merece atenção a cada passo. Cada ciclo não é tratado como repetição, mas como um aprofundamento — um mergulho mais sensível na experiência de existir. O tempo, nesses momentos, não corre: ele se suspende. E nesse intervalo aberto entre o ontem e o amanhã, instala-se o agora sagrado. O santuário, ao receber um recém-nascido ou um ancião, ao testemunhar um voto de amor ou um agradecimento juvenil, transforma-se num espelho da vida em sua forma mais pura. Nele, o humano encontra lugar para ser, apenas ser, e ser plenamente.

Essas cerimônias, mesmo em sua simplicidade, carregam uma profundidade que toca o invisível. Ao reunir gerações num mesmo gesto, os ritos constroem uma ponte entre o que foi, o que é e o que virá. Eles restauram o senso de pertencimento e de continuidade, conectando o indivíduo à sua linhagem, à sua terra, aos seus deuses. E ainda que sejam marcados por formalidades, por trajes, por objetos simbólicos, seu verdadeiro poder está na intenção que os habita. É na reverência silenciosa, no passo contido, na oferenda sincera que o rito cumpre seu papel. O Xintoísmo ensina, assim, que não se trata apenas de passar pela vida, mas de marcar presença nela — com respeito, com leveza, com consciência.

E talvez esse seja o maior ensinamento desses ritos: viver é sagrado. Não porque a vida seja perfeita, mas porque ela pulsa, muda, insiste. E a cada mudança, o Xintoísmo estende um altar. Um altar que pode ser um santuário, mas pode também ser o colo de uma avó, o toque de mãos que se unem, o silêncio que precede uma oração. Nessas passagens, não há promessas de eternidade — há o reconhecimento da beleza efêmera do instante. E isso basta. Porque onde há presença verdadeira, os kami se aproximam. E onde os kami passam, a vida se acende.

Capítulo 16
Caminho da Família

O lar, no Xintoísmo, não é apenas um espaço de convivência. É um campo sagrado onde os kami se fazem presentes diariamente. A família, em sua configuração mais simples ou mais ampla, é percebida como célula espiritual — um microcosmo onde os valores da ordem, da reverência e da continuidade são cultivados como oferendas silenciosas. Não se trata de uma idealização moral. Trata-se de uma realidade espiritual: onde há laços vividos com respeito, onde há memória dos antepassados, onde há gestos de gratidão, ali o sagrado se estabelece com naturalidade.

O Xintoísmo não impõe dogmas familiares, não legisla sobre estruturas fixas. Ele reconhece o que é vivo, o que é relacional, o que é ancestral. Cada família é um elo entre passado e futuro, entre o mundo visível e os mundos invisíveis. Os pais não são apenas cuidadores — são transmissores de espírito. Os filhos não são apenas indivíduos em formação — são extensões da linhagem, portadores do sopro sagrado que vem dos ancestrais. E os avós, com sua presença silenciosa, são os pilares que sustentam a verticalidade do tempo. Através deles, a memória não morre. Ela se transforma em sabedoria.

O culto aos antepassados é uma das práticas mais íntimas e constantes no cotidiano xintoísta. Mesmo que, em muitos casos, ele seja realizado também através de ritos budistas, seu espírito é profundamente shinto: honrar quem veio antes, reconhecer que a vida não começa em si, mas continua através de si. Em muitas casas, há pequenos altares — kamidana e butsudan — que coexistem, dedicados aos deuses e aos antepassados. Esses espaços não competem entre si. Complementam-se. O kami e o ancestral compartilham o mesmo campo de presença. Ambos são fontes de proteção, de inspiração, de ligação espiritual.

Os antepassados não são figuras distantes. Eles estão presentes nas refeições em família, nas datas comemorativas, nas histórias contadas aos netos, nas fotografias preservadas com cuidado. Nos festivais como o Obon, celebra-se o retorno temporário dos espíritos ancestrais à terra. As famílias se reúnem, limpam os túmulos, acendem lanternas para guiar os espíritos e os recebem com comida, música e reverência. Não há tristeza. Há reencontro. A separação entre vivos e mortos não é definitiva — é apenas de forma. O espírito permanece. E onde é lembrado com amor, continua agindo.

A família também é o lugar onde se aprende o valor do wa — a harmonia. Essa harmonia não é ausência de conflito, mas disposição para respeitar a ordem natural das coisas. O mais velho não impõe — orienta. O mais jovem não se submete — aprende. Cada papel é visto como função espiritual, não como hierarquia autoritária. A mãe, ao preparar uma refeição com atenção, está oferecendo mais do que nutrição — está cultivando presença. O pai, ao manter o espaço limpo e seguro, está preservando o campo onde o kami habita. As crianças, ao aprenderem a agradecer, a cumprimentar, a cuidar dos objetos, estão sendo iniciadas no caminho do sagrado.

Os rituais familiares não precisam de formalidade para serem autênticos. A visita conjunta ao santuário no início do ano. O momento de silêncio diante do altar antes de dormir. A prática de saudar o sol pela manhã. A partilha de alimentos com uma breve prece. Tudo isso são atos de devoção vividos em comunidade íntima. O lar se torna, assim, uma extensão do templo. E a vida familiar, uma expressão contínua da espiritualidade.

A educação das crianças no espírito do Xintoísmo não se dá por imposição. Ela acontece pelo exemplo. Ao ver os pais inclinarem-se diante do altar, ao participar das limpezas do templo, ao vestir um quimono cerimonial com cuidado, a criança internaliza valores que vão além das palavras. Aprende que o mundo é habitado por presenças. Que o respeito não é regra — é modo de ser. Que a gratidão não é exigência — é resposta natural ao dom da vida.

Mesmo nos tempos modernos, onde as estruturas familiares se diversificam, o Xintoísmo continua a oferecer um campo espiritual capaz de acolher novas formas de convivência. O que importa não é a configuração, mas a qualidade das relações. Onde há cuidado, escuta, respeito, ali o kami permanece. A família, mais do que um conceito jurídico ou cultural, é uma vibração. E onde essa vibração ressoa com harmonia, o sagrado se manifesta.

O casamento, por exemplo, não é visto apenas como união entre dois indivíduos, mas entre duas linhagens. Os ritos matrimoniais xintoístas reconhecem que, ao se unirem, os noivos integram também seus ancestrais, seus kami protetores, suas histórias. A nova família não nasce do zero — ela é continuação de muitos ciclos que se encontram. E por isso, ao se estabelecer um lar, muitos casais montam seu kamidana, iniciam suas próprias práticas devocionais, cuidam de transmitir aos filhos o senso de reverência e gratidão.

O nascimento de uma criança, como visto nos ritos de hatsumiyamairi, é motivo de grande celebração espiritual. A família inteira se envolve. E o crescimento dessa criança é acompanhado por cerimônias que marcam não apenas a passagem do tempo, mas o desabrochar do espírito. Cada ano vivido é celebrado como conquista da vida, como graça dos kami, como vitória da continuidade.

O cuidado com os idosos também reflete essa consciência. Eles não são descartados, nem invisibilizados. São honrados como espelhos vivos do passado. Suas histórias, seus gestos, suas bênçãos silenciosas — tudo isso é fonte de aprendizado e de força. A casa onde mora um ancião é vista como espaço sagrado. E quando ele parte, sua presença não se dissolve. Transforma-se em kami familiar. Torna-se guardião invisível da linhagem. E cada vez que é lembrado, seu espírito se fortalece. Vive.

O caminho da família, portanto, não é apenas um percurso humano. É uma jornada espiritual. Ele exige atenção, presença, disposição para o cuidado. Mas oferece, em troca, a sensação de pertencimento mais profunda que se pode experimentar. Saber que não se está só. Que se é parte de algo maior. Que há fios invisíveis ligando gerações. Que há uma continuidade silenciosa sustentando cada gesto.

Viver o Xintoísmo em família é permitir que a espiritualidade se infiltre nos momentos mais comuns: no lavar de pratos, no dobrar de roupas, no arrumar da casa, no partilhar de uma refeição simples. É transformar o cotidiano em liturgia. O lar em altar. A relação em prece. E nesse modo de viver, os deuses não são apenas entidades distantes. Eles tornam-se membros da casa. Sentam-se à mesa. Observam com ternura. Protegem com firmeza.

Essa espiritualidade que permeia o cotidiano familiar não se apoia em grandes revelações ou momentos extraordinários. Ela brota do gesto repetido com consciência, da escuta silenciosa, do respeito mútuo cultivado dia após dia. O Xintoísmo, ao reconhecer o sagrado no fluxo ordinário da vida, ensina que a divindade não está distante, mas imanente — oculta no afeto com que se prepara uma refeição, no cuidado com que se acolhe um parente doente, no silêncio reverente diante de uma fotografia ancestral. Tudo o que é feito com coração desperto torna-se oferenda. E tudo o que é vivido com gratidão firma os laços entre os mundos.

O lar, nesse sentido, torna-se um espaço de continuidade não apenas biológica, mas espiritual. A transmissão de valores não se dá por regras, mas por impregnação afetiva. A criança que observa os adultos reverenciarem os mais velhos, que cresce ouvindo histórias carregadas de respeito e humor, que participa das pequenas celebrações domésticas com encantamento, absorve uma visão de mundo onde tudo tem alma, onde tudo está interligado. Assim, o lar deixa de ser apenas abrigo e transforma-se em um campo de formação da sensibilidade, onde a reverência não se ensina — se vive.

E é vivendo assim, com presença, com simplicidade e com espírito de comunhão, que a família torna-se espelho do cosmos. Seus ciclos espelham os ciclos da natureza; suas alegrias e lutos refletem os fluxos do universo. Nada se perde quando é lembrado com amor. Nenhum gesto é pequeno quando nasce do cuidado. E nesse entrelaçamento entre gerações, entre visível e invisível, entre o humano e o divino, manifesta-se a verdadeira força da linhagem: não como fardo, mas como bênção. Não como passado, mas como continuidade.

Capítulo 17
Harmonia Comunitária

Existe uma força silenciosa que sustenta a coesão entre as pessoas, que mantém vizinhos unidos, comunidades vivas, tradições preservadas. Essa força não nasce de leis ou estruturas políticas. Ela brota da vivência compartilhada do sagrado. No Xintoísmo, essa força chama-se harmonia comunitária, e ela se enraíza na relação entre os kami e o povo que os reverencia. Cada bairro, cada vila, cada cidade, mesmo em meio à modernidade, carrega em seu coração um santuário — e nele habita o kami protetor daquela coletividade, o ujigami.

O ujigami não é um deus genérico. Ele é específico. Ele vive entre o povo. Ele caminha pelas mesmas ruas, observa os mesmos campos, abençoa os mesmos lares. Ele não é apenas reverenciado — é parte da comunidade. Essa relação direta entre kami e grupo social é o que diferencia o Xintoísmo de muitas tradições espirituais. Aqui, o divino não se afasta do mundo — ele se insere nele. E é dessa inserção que nasce o senso de pertencimento profundo, o sentimento de que se é parte de algo maior, vivo e invisível.

O santuário local não é apenas um espaço de oração. Ele é centro gravitacional da vida comunitária. É ali que ocorrem os rituais sazonais, os casamentos, as bênçãos de nascimentos, os agradecimentos pelas colheitas. É ali que se busca proteção em tempos de epidemias, desastres naturais ou crises sociais. E é ali, também, que se celebra a alegria dos encontros, a força do grupo, a continuidade da tradição. A presença constante do santuário e de seu kami promove estabilidade. Ele não fala, mas orienta. Ele não impõe, mas sustenta.

Durante os matsuri, essa ligação entre kami e comunidade torna-se visível e vibrante. As ruas se enchem de cor, música e movimento. Crianças, jovens, adultos e anciãos participam juntos. Cada um tem sua função: carregar o mikoshi, preparar os alimentos, limpar os espaços, organizar os enfeites, recitar orações, dançar, cantar. O festival não é produzido — ele é vivido. É expressão do corpo coletivo em harmonia com o espiritual. O kami, nesse momento, não está apenas no altar — ele é carregado pelas ruas, ele vê os rostos, ele ouve as vozes. E a comunidade sente sua presença.

Essa vivência compartilhada do sagrado gera vínculos que não dependem de afinidades pessoais. Pessoas diferentes, de idades, profissões e visões de mundo distintas, tornam-se parte do mesmo fluxo. Não por imposição, mas por tradição. Todos sabem que aquele kami é de todos. E isso basta para criar uma base sólida de convivência. O respeito mútuo cresce, não por medo de punição, mas por consciência da presença divina que a tudo observa. A vergonha de falhar com o outro nasce da gratidão, não do castigo. E é essa vergonha saudável — esse senso de responsabilidade coletiva — que mantém a ordem social.

Mesmo nas grandes cidades, onde o ritmo frenético parece engolir o silêncio, o Xintoísmo encontra formas de se manter presente. Pequenos santuários entre prédios altos, torii escondidos em ruas movimentadas, espaços de purificação em áreas industriais — tudo isso é expressão da resistência espiritual. Os kami permanecem. E aqueles que se lembram deles, mesmo em meio à pressa, cultivam um elo que os resgata da fragmentação. O simples ato de parar diante de um altar, inclinar a cabeça, bater duas palmas e fazer silêncio por um instante, reintroduz o indivíduo no corpo coletivo. Ele não está só. Ele pertence.

Nas aldeias, essa conexão é ainda mais visível. O santuário é centro da vida. As decisões importantes são discutidas ali. As crises são levadas ao altar. Os ciclos da terra — plantio, crescimento, colheita — são ritmados por ritos. Não se começa uma obra sem bênção. Não se abre uma estrada sem oração. Não se inaugura uma ponte sem purificação. O kami não é formalidade. Ele é presença. E essa presença dá segurança, dá sentido, dá continuidade.

Em tempos de catástrofes naturais, como terremotos e tsunamis, muitos japoneses encontram no santuário não apenas um abrigo físico, mas um eixo espiritual. É ali que choram os mortos, que agradecem pela sobrevivência, que se reerguem em silêncio. O kami, nessas horas, não promete soluções mágicas. Mas sua permanência oferece consolo. Ele está ali. Ele viu. Ele permanece. E com isso, o povo também permanece.

Essa dimensão comunitária do Xintoísmo ultrapassa a religião. Ela molda o modo de viver. As escolas, por exemplo, celebram aniversários fundacionais com ritos no santuário local. As empresas organizam visitas rituais no início do ano fiscal. Os esportes, os eventos culturais, as inaugurações públicas — tudo pode ter uma dimensão cerimonial. O kami é reconhecido como parte da jornada. E ao fazer isso, a coletividade reforça seu senso de identidade.

O Xintoísmo, ao promover essa harmonia comunitária, não exige uniformidade. Ele respeita a diversidade, mas convida à convivência. Os kami locais não competem entre si. Eles dialogam. Cada comunidade cultua seu próprio deus, mas reconhece e respeita o deus do vizinho. E quando necessário, unem-se em festivais intersantuários, selando alianças espirituais que refletem na política, na economia e na cultura. A fé não é isolada — é interligada.

Esse modelo pode inspirar o mundo moderno, tão marcado pela fragmentação, pela competição e pelo individualismo. O Xintoísmo mostra que uma sociedade pode ser coesa não pela força, mas pela reverência. Que um povo pode ser unido não por medo, mas por gratidão. Que o espaço comum, quando reconhecido como sagrado, se torna território de paz.

A harmonia comunitária não nasce do acaso. Ela é cultivada. Requer tempo, repetição, dedicação. Os jovens precisam ser incluídos. Os idosos, valorizados. As diferenças, respeitadas. O kami observa tudo. E onde há esforço sincero para manter o wa — a harmonia — ele permanece. Onde há egoísmo, ele se afasta. Mas onde há colaboração, onde há beleza, onde há cuidado com o outro, ele sorri. E sua presença se torna bênção.

No Xintoísmo, a comunidade não é apenas uma soma de indivíduos. Ela é um corpo vivo, uma entidade espiritual, uma extensão da vontade divina. E ao preservar seus ritos, seus espaços, seus símbolos e seus valores, esse corpo se mantém saudável. Ele respira, ele dança, ele celebra. Ele se refaz a cada ciclo. E nesse fluxo contínuo, o kami caminha junto, invisível, mas presente.

A verdadeira força da harmonia comunitária está na sua capacidade de atravessar o tempo sem perder o sentido. Ela não exige que todos pensem igual, nem que todos ajam da mesma forma, mas pede uma escuta mútua, uma disposição para partilhar espaço, tempo e cuidado. O kami que habita o santuário local é o mesmo que transita discretamente entre as casas, que inspira o gesto solidário, que sustenta o elo entre os que já partiram e os que ainda virão. E assim como o ritual repete os passos dos antigos com novas intenções, a comunidade também se reinventa sem perder suas raízes.

Essa reinvenção contínua é o que torna a harmonia comunitária uma prática viva. Quando uma criança participa pela primeira vez de um festival, carregando uma pequena oferenda ou vestindo um traje cerimonial, ela não está apenas brincando ou seguindo um protocolo — está sendo acolhida pelo espírito do lugar. Quando um idoso é convidado a contar histórias diante do santuário, ele não apenas rememora — ele fortalece a alma coletiva. Cada pessoa, ao ocupar seu papel com presença e respeito, contribui para a tessitura invisível que sustenta o bem comum. E é nesse entrelaçamento generoso que o kami encontra morada.

    É por isso que, mesmo diante das mudanças do mundo, a harmonia comunitária permanece como um valor essencial. Ela não se opõe à modernidade — ela a equilibra. Não exige retorno ao passado — convida à continuidade consciente. Em cada vila, cidade ou metrópole onde a presença divina ainda é reconhecida no gesto humano, o Xintoísmo floresce silenciosamente, sustentando pontes entre as pessoas, entre o visível e o invisível. E enquanto houver mãos dispostas a cuidar do comum, a ouvir com respeito, a celebrar com gratidão, ali o kami permanecerá — não como lenda, mas como realidade viva.

Capítulo 18
Virtudes do Coração

O Xintoísmo não impõe uma moral codificada. Ele não apresenta listas de pecados, não dita comportamentos universais, não ameaça com punições eternas. Em lugar disso, oferece ao praticante um caminho mais sutil, mais interior, mais verdadeiro: o cultivo das virtudes do coração. Não são normas. São qualidades. Não se aprendem com imposições externas, mas se desenvolvem pela sensibilidade, pela repetição dos gestos, pelo contato com o sagrado. O Xintoísmo ensina que viver bem é viver com sinceridade, pureza, respeito e retidão — não por medo, mas por afinidade com os kami.

No centro dessa ética está o conceito de makoto, palavra que escapa a uma tradução exata. Makoto é sinceridade, mas também é verdade, pureza de intenção, honestidade essencial. É o coração sem disfarce, a ação sem cálculo, a palavra sem máscara. Um ato realizado com makoto não precisa ser perfeito — precisa ser verdadeiro. É por isso que, nos rituais xintoístas, a forma pode variar, mas a sinceridade é indispensável. Os deuses não se impressionam com gestos mecânicos. Eles respondem à intenção, ao sentimento silencioso que vibra por trás do gesto. E esse sentimento é o que conecta o humano ao divino.

Makoto é uma virtude ativa. Não é passividade, não é ingenuidade. É uma postura interior de abertura, de clareza, de presença. É agir de acordo com a própria consciência, sem trair os valores que unem o indivíduo à ordem natural. A pessoa que vive com makoto não precisa justificar suas ações. Sua presença transmite confiança. Sua fala tem peso. Seu silêncio tem densidade. E sua vida torna-se, pouco a pouco, uma oferenda.

Junto a essa sinceridade fundamental, o Xintoísmo valoriza profundamente a pureza — não apenas no sentido físico, mas sobretudo espiritual. Pureza, aqui, é a capacidade de manter o coração leve, a mente límpida, o corpo em harmonia com o ambiente. É por isso que tanto se fala em purificação. O misogi, o harae, os banhos, os ritos silenciosos, tudo aponta para essa limpeza do ser. Não se trata de afastar o mal moral — mas de remover o que turva, o que pesa, o que bloqueia a passagem da energia vital.

Um coração puro não é aquele que nunca erra — é aquele que se permite renovar. A pureza, no Xintoísmo, é cíclica. Ela se perde e se recupera. Não há culpa, não há castigo. Há consciência. Quando alguém percebe que se distanciou da leveza, procura a purificação. E ao se purificar, reencontra o centro. É um processo contínuo, silencioso, humilde. E é nele que se forja o caráter.

A terceira virtude que sustenta o caminho xintoísta é o respeito — não como formalidade, mas como reconhecimento do valor sagrado de tudo o que existe. Respeitar o outro é respeitar os kami que o habitam. Respeitar a natureza é reconhecer que cada pedra, cada árvore, cada gota de água é presença divina. Respeitar a tradição é honrar os que vieram antes, os que transmitiram os ritos, os que preservaram os símbolos. E respeitar a si mesmo é cuidar do próprio corpo, da própria palavra, do próprio espírito.

No Japão, esse respeito se manifesta nos gestos cotidianos. Na forma como se entrega um objeto com as duas mãos. No modo como se inclina o corpo diante de um altar, de um ancião, de um hóspede. No cuidado com o ambiente público, com o silêncio alheio, com a estética dos espaços. Tudo isso nasce não de um código civil, mas de uma ética espiritual. O respeito não é imposto. Ele é cultivado como flor rara — com paciência, com constância, com atenção aos detalhes.

A quarta virtude, inseparável das anteriores, é a retidão. Não uma retidão inflexível, mas a firmeza de quem alinha seu viver com os ritmos do universo. A pessoa reta é aquela que não se curva ao egoísmo, que não se deixa corromper pelo desejo imediato, que mantém sua direção mesmo diante das dificuldades. Ela não é rígida — é enraizada. E por isso, pode ser flexível sem se perder.

No Xintoísmo, a retidão é silenciosa. Ela não precisa ser proclamada. Ela se revela nos atos. Na honestidade com que se trabalha. Na integridade com que se cuida da família. Na sobriedade com que se enfrenta o luto. Na coragem com que se reconhece o erro. A pessoa reta não vive para agradar os outros, mas para manter viva a chama do magokoro — o coração verdadeiro. E esse coração não se desvia, porque não está preso a interesses, mas ao sentido profundo da vida.

Essas quatro virtudes — makoto, pureza, respeito e retidão — não são ideais inalcançáveis. São práticas. São caminhos diários. São formas de se aproximar dos kami, não por rituais complexos, mas pela qualidade da presença. E quem as cultiva, ainda que sem palavras, ainda que em silêncio, transforma o mundo ao redor.

Na educação das crianças, essas virtudes são transmitidas desde cedo. Não por imposição, mas por exemplo. A criança que vê os pais reverenciando os deuses, que participa dos rituais de limpeza, que é ensinada a agradecer antes da refeição, aprende desde pequena que a vida é dom. E que viver com beleza é uma forma de retribuir esse dom.

A sociedade japonesa, moldada por séculos de influência xintoísta, ainda hoje preserva muitos traços dessas virtudes. O senso de ordem nos espaços públicos. A responsabilidade compartilhada nas comunidades. A valorização da estética. A delicadeza nas interações. Tudo isso é expressão da espiritualidade cotidiana. E mesmo que muitos não se declarem religiosos, vivem o espírito do Xintoísmo em seus gestos.

Num mundo em que as palavras são muitas e as ações, poucas, o Xintoísmo oferece um caminho diferente. Ele não exige que se creia — exige que se viva com atenção. Ele não promete paraísos — oferece harmonia. Ele não define pecado — aponta para a desarmonia interior. E ao fazer isso, convida o ser humano a olhar para dentro. A escutar sua própria respiração. A alinhar-se com os ciclos da natureza. A reconhecer o divino que vibra em tudo.

A vergonha, nesse contexto, não é punição. É bússola. Quando alguém age contra as virtudes do coração, sente vergonha — não porque foi julgado, mas porque sabe que se desviou da harmonia. Essa vergonha é discreta, mas eficaz. Ela orienta. Ela corrige. E por isso, o sistema ético do Xintoísmo é, ao mesmo tempo, leve e profundo. Ele não prende — ele liberta.

O mundo moderno, tão marcado por exigências externas, por conflitos morais, por polarizações, pode encontrar no Xintoísmo um alento. Não como resposta pronta, mas como convite. Um convite a desacelerar. A silenciar. A prestar atenção. A viver com mais verdade, com mais leveza, com mais reverência. Porque, no fim, o que os deuses desejam não é perfeição. É sinceridade. E essa sinceridade começa com o cultivo das virtudes do coração. Com o simples, com o real, com o que pulsa dentro de cada ser.

Viver com as virtudes do coração é, portanto, um exercício de presença. Não se trata de aderir a uma doutrina, mas de desenvolver uma escuta mais fina para o próprio sentir e para o ritmo sutil do mundo. O praticante que caminha atento a esse chamado começa a perceber que cada momento oferece uma oportunidade de expressar sinceridade, pureza, respeito ou retidão. Desde o modo como se cumprimenta alguém até a forma como se lida com um erro cometido, tudo se torna chance de afinar-se com o invisível. Nesse caminho, o erro não é fracasso, mas ocasião de retorno. E a virtude não é medalha, mas modo de estar no mundo.

Essa dimensão silenciosa e natural da ética xintoísta revela sua força justamente na ausência de imposição. Ao invés de criar muros entre o certo e o errado, ela convida à sutileza da percepção, à delicadeza do gesto, à integridade que se constrói no cotidiano. O coração que cultiva makoto não precisa de aplausos. A alma que busca pureza não se vangloria. O respeito e a retidão, quando verdadeiros, florescem mesmo no anonimato. E talvez seja essa a maior beleza do caminho xintoísta: ele transforma o ordinário em sublime, não por meio de proezas, mas pela qualidade silenciosa do ser.

É assim que, passo a passo, gesto a gesto, a vida se torna oferenda. O lar, o trabalho, os encontros casuais e os instantes de solidão tornam-se palco para o florescimento interior. E nesse florescer sem pressa, sem ambição, sem vaidade, o ser humano se aproxima do que há de mais essencial: um coração verdadeiro, que pulsa em harmonia com tudo o que vive. Nesse estado, não há mais separação entre o humano e o divino — há apenas presença. E onde há presença sincera, ali também estão os kami.

Capítulo 19
Educação e Caráter

Na tradição xintoísta, educar não significa apenas transmitir conhecimento. Significa moldar o espírito, alinhar o comportamento ao ritmo do sagrado, e formar seres humanos que vivam em harmonia com o mundo visível e com o invisível. O Xintoísmo não oferece um sistema pedagógico formal, mas inspira, por sua própria essência, uma forma de educação baseada no exemplo, na repetição de gestos significativos, no respeito à natureza, na disciplina compartilhada e no cultivo das virtudes silenciosas. É uma educação que não se proclama como espiritual, mas que brota de um solo impregnado de presença divina.

A criança japonesa, desde os primeiros anos, aprende que o espaço onde vive precisa ser cuidado. Ela não ouve isso como uma lição moral — ela vê os adultos praticando. Aprende que a beleza importa, que a limpeza não é função alheia, mas dever de todos, e que agradecer é mais importante do que exigir. Nas escolas, esse espírito se torna prática concreta. A sala de aula é organizada pelos próprios alunos. Os banheiros, corredores, escadas, tudo é limpo por mãos infantis, todos os dias. O ato de limpar não é punição — é aprendizado. É um rito diário de humildade e responsabilidade.

Não há recompensas espetaculares. Não há castigos humilhantes. O que há é convivência, exemplo, e um ambiente que valoriza o coletivo acima do egoísmo. O grupo importa. A presença de cada um afeta a todos. O silêncio, o cumprimento respeitoso, o zelo pelos materiais, tudo isso ensina, sem dizer, que o mundo precisa ser cuidado. E cuidar do mundo começa com o cuidado de si.

O professor, nesse contexto, não é uma figura autoritária. É uma extensão dos valores que a escola pretende cultivar. Ele se posiciona com firmeza, mas sem imposição. Corrige com presença. E sobretudo, age como exemplo. Os professores também limpam, também reverenciam o espaço escolar, também transmitem, através de sua conduta, o espírito que se deseja despertar nos alunos. A autoridade nasce da coerência. E a educação, assim, deixa de ser apenas instrução para se tornar transmissão de caráter.

As cerimônias escolares refletem esse ethos. No início do ano letivo, é comum haver uma visita ao santuário local. A escola, com seus professores, funcionários e alunos, apresenta-se diante do kami protetor da região. Não se trata de uma obrigação religiosa. Trata-se de uma forma de reconhecer que a sabedoria é dom, que o processo de aprendizado é sagrado, que a jornada de cada criança precisa de bênçãos. O ritual é breve, simples, silencioso. E ao retornar à escola, o ambiente já está impregnado de um senso de reverência.

Mesmo as atividades mais lúdicas, como esportes, festivais culturais e feiras escolares, são marcadas por esse espírito de atenção. Os espaços são decorados com esmero. Os eventos são preparados com semanas de antecedência. Não se improvisa de qualquer maneira. Cada detalhe importa. Porque tudo é expressão. E quando se aprende a cuidar dos detalhes, aprende-se a cuidar da própria vida. O senso estético, aqui, não é vaidade. É espiritualidade. É a busca pelo equilíbrio, pela leveza, pela beleza natural.

A ausência de moral dogmática também é característica marcante. O Xintoísmo não exige que o aluno aprenda conceitos religiosos, nem memorize histórias mitológicas como obrigação. Ao contrário, valoriza-se o silêncio, a escuta, a observação. As histórias dos deuses são contadas como expressões da natureza humana, como metáforas da harmonia, do conflito e da reconciliação. Não são verdades absolutas. São mapas simbólicos para a alma. A criança, ao ouvir sobre Amaterasu, Susanoo ou Uzume, reconhece em si mesma emoções, medos, impulsos. E pouco a pouco, internaliza o senso de ordem que essas narrativas revelam.

A disciplina nas escolas japonesas não é rígida no sentido militar. Ela é rítmica. Ela estrutura o tempo, organiza o corpo, orienta a mente. A rotina diária, com seus horários fixos, seus momentos de silêncio, suas pausas para alimentação e limpeza, cria um campo de estabilidade interior. E essa estabilidade é essencial para o florescimento do caráter. O aluno aprende que não está à mercê de impulsos. Que pode conter-se. Que pode escolher. Que pode colaborar. E nesse processo, aprende também a respeitar o espaço do outro.

O cuidado com o ambiente escolar é outra extensão direta do espírito xintoísta. Cada objeto é valorizado. Cada material tem seu lugar. As carteiras são organizadas. Os sapatos são trocados ao entrar na escola. Os uniformes são usados com sobriedade. Não há ostentação. Há presença. Há consciência de que o espaço onde se aprende precisa estar limpo, ordenado, harmonioso. E essa ordem externa repercute no interior do estudante. Ele sente-se parte de algo maior. Ele compreende, sem palavras, que a escola não é apenas um prédio. É um campo sagrado de formação.

Ao cultivar esse tipo de ambiente, a escola não precisa de punições severas, nem de mecanismos de controle psicológico. O próprio aluno desenvolve vergonha saudável diante da falha. Se desrespeita o outro, se destrói o que não lhe pertence, se age com egoísmo, sente a dissonância. Não porque alguém o castigou, mas porque ele se afastou da harmonia. E essa percepção, que nasce de dentro, é mais transformadora do que qualquer disciplina imposta.

A formação espiritual no Xintoísmo, portanto, não acontece em templos fechados, nem em aulas formais. Ela acontece no cotidiano. Na maneira como o aluno se levanta ao ver o professor. Na forma como escuta os colegas. No modo como se curva ao entrar em um ambiente. Na paciência com que prepara a comida escolar. Na gratidão expressa antes de comer. Tudo é rito. Tudo é aprendizado.

O caráter, aqui, é forjado como o bambu: flexível, forte, silencioso. A criança não precisa ser moldada por regras rígidas. Ela precisa de um campo onde a presença dos valores possa crescer como árvore. E esse campo é preparado com atenção, com repetição, com exemplo. Não há pressa. O tempo educa. E o tempo, no Xintoísmo, é cíclico, vivo, sagrado.

Os resultados dessa educação silenciosa se manifestam na vida adulta. No respeito com que os profissionais atuam. Na ordem com que os espaços públicos são tratados. No senso de cooperação que permeia os trabalhos em equipe. No cuidado com o outro, mesmo quando não se concorda com ele. Não se trata de uma sociedade perfeita. Mas de uma sociedade que aprendeu, através da espiritualidade implícita, que viver bem começa com o modo como se caminha, como se fala, como se trata o espaço onde se está.

Nesse modelo de educação, o processo de aprendizagem não se reduz a conteúdos, mas se expande em direção à formação de um espírito presente, sensível e íntegro. A sala de aula torna-se extensão do lar, o professor, reflexo do kami, e o cotidiano escolar, uma sucessão de pequenos rituais que sedimentam valores sem precisar nomeá-los. Quando a criança aprende a calçar os sapatos com atenção, a dobrar o pano de limpeza com zelo, a servir um alimento com gratidão, ela não está apenas repetindo gestos — está internalizando uma postura diante da vida. Uma postura que, mesmo sem explicação teórica, molda silenciosamente seu caráter, como a água que esculpe a pedra.

A educação inspirada no Xintoísmo revela que a construção de um bom ser humano não exige rigidez, mas constância. A coerência entre palavra e ação, a delicadeza nos detalhes, o respeito pelo tempo alheio e pelo próprio espaço, tudo isso são sementes lançadas no solo fértil da infância. E essas sementes germinam não em explosões de genialidade, mas na beleza discreta da disciplina diária. O ambiente, os ritos, os relacionamentos — tudo educa. E assim, a formação do caráter deixa de ser tarefa de especialistas e torna-se tarefa compartilhada, vivida por todos os que participam da comunidade escolar.

Nesse campo fértil onde o visível e o invisível se entrelaçam, a criança cresce como parte de um todo maior, aprendendo que viver com respeito, simplicidade e atenção é, por si só, uma forma de sabedoria. O caráter, tal como entendido aqui, não se resume à moralidade ou ao comportamento externo, mas pulsa como uma vibração interna alinhada à harmonia universal. Educar, portanto, é revelar essa vibração e permitir que ela se expresse com naturalidade. E nesse processo, cada gesto, por mais singelo, torna-se elo de ligação entre a criança e o sagrado que habita o mundo.

Capítulo 20
Trabalho como Oferenda

No Xintoísmo, não há separação entre o sagrado e o cotidiano. O templo não é o único lugar onde o kami se manifesta. A oração não é o único gesto capaz de tocar o invisível. A oferenda, quando sincera, pode assumir qualquer forma — uma palavra verdadeira, um gesto de cuidado, um momento de silêncio, uma ação feita com dedicação plena. É nesse espírito que o trabalho, atividade muitas vezes tratada como mera obrigação ou meio de subsistência, é ressignificado como ato espiritual. Trabalhar bem é servir aos deuses. Executar uma tarefa com atenção, com pureza de intenção, com disciplina e beleza, é, em si, uma forma de reverência.

O trabalhador, no universo xintoísta, não é um instrumento da produção — é um agente do equilíbrio. Seu ofício, seja ele qual for, participa da grande ordem cósmica. O cozinheiro, ao preparar o alimento, não apenas nutre corpos — ele perpetua a energia vital que os kami oferecem à terra. O agricultor, ao cuidar do arrozal, não apenas colhe — ele honra o ciclo das estações, o espírito da terra, a dádiva do sol e da chuva. O artesão, ao moldar a madeira, o barro ou o papel, não apenas cria objetos — ele canaliza a beleza que brota do mundo invisível. O empresário, o professor, o pescador, o engenheiro, todos são, em essência, oferentes. E o altar, neste caso, é o espaço de atuação.

Essa percepção transforma radicalmente a relação com o ofício. O trabalho deixa de ser fardo. Ele se torna caminho. Caminho de realização espiritual, de expressão de valores, de integração com a comunidade. Ao acordar pela manhã, aquele que trabalha com magokoro — o coração verdadeiro — já inicia o dia em estado de culto. Ele limpa o ambiente de trabalho como se preparasse o santuário. Organiza os instrumentos como quem posiciona os elementos do altar. Recebe o colega como se acolhesse um visitante sagrado. E realiza suas tarefas com o mesmo zelo que se dedicaria a um rito.

Muitas empresas japonesas, ainda hoje, preservam práticas diretamente ligadas ao espírito xintoísta. Rituais de início de ano fiscal são realizados nos santuários locais, onde representantes da empresa agradecem pelo ciclo anterior e pedem proteção para o novo. Ritos de purificação são conduzidos antes da inauguração de novas sedes, fábricas ou projetos. O sacerdote comparece, recita orações, oferece tamagushi, e consagra o espaço. Não se trata de superstição. Trata-se de reconhecimento: o kami habita o tempo e o espaço, e o trabalho, sendo parte deles, precisa ser harmonizado.

Mesmo os pequenos comércios costumam manter um kamidana em algum ponto discreto do local. Diariamente, oferecem água, arroz e saquê. Acendem incenso. Curvam-se diante do altar. E seguem com seus afazeres. A oferenda precede a venda. O espírito antecede o lucro. A conexão com os deuses vem antes do resultado. Porque quando se trabalha em consonância com o fluxo natural, os frutos surgem sem esforço excessivo. Eles brotam como consequência, não como obsessão.

O Xintoísmo não demoniza a prosperidade. Ele apenas a compreende como bênção, e não como conquista isolada. O lucro, quando fruto de ações honestas, torna-se sinal de harmonia. E essa harmonia se expressa também na forma como se administra o sucesso: com gratidão, com modéstia, com partilha. A empresa que prospera faz oferendas maiores, apoia festivais, patrocina atividades comunitárias, investe na preservação dos santuários locais. O ciclo se fecha. O que se recebe é devolvido. O que se conquista é abençoado. E o trabalho, assim, deixa de ser apenas economia — torna-se espiritualidade em ação.

A ética do trabalho xintoísta valoriza o esforço contínuo, a humildade diante do processo, a busca pela excelência. O chamado kodawari, o zelo pela perfeição, é expressão clara dessa postura. Não se trabalha apenas para entregar o produto final, mas para fazer bem cada etapa. A preparação do alimento, o encaixe de uma peça, a redação de um relatório, tudo é feito com atenção ao detalhe. Porque cada detalhe carrega o espírito de quem o executa. E esse espírito, se estiver alinhado ao magokoro, transforma o ordinário em extraordinário.

Essa postura também se manifesta no respeito aos colegas, nos gestos silenciosos de cooperação, na organização dos ambientes. É comum, ao final de um expediente, que todos participem da limpeza do espaço.

O local de trabalho é cuidado como extensão do lar e do templo. Não há alguém destinado a recolher o lixo dos outros — todos colaboram. Esse gesto diário reafirma que o espaço é sagrado, que a presença coletiva importa, que a harmonia se constrói com ações pequenas e constantes.

O cansaço, quando surge, não é motivo de lamento — é sinal de que se doou energia vital. E por isso mesmo, o descanso também é respeitado. Pausas são feitas com presença. O alimento é consumido com gratidão. Os momentos de silêncio são valorizados. Há, inclusive, espaços para orações breves, para o acendimento de incenso, para o contato com o céu aberto. O trabalho não devora o tempo. Ele organiza o tempo. Ele estrutura o dia. E por isso, não aprisiona — liberta.

Essa perspectiva pode ser aplicada em qualquer cultura, em qualquer ofício, por qualquer pessoa. Basta mudar o olhar. O trabalho não precisa ser visto como fardo, como punição, como exigência do sistema. Ele pode ser vivenciado como expressão de dons, como oportunidade de servir ao bem coletivo, como canal de desenvolvimento interior. A profissão, então, se transforma em vocação. E a rotina, em ritual.

Mesmo nas funções mais simples, a espiritualidade pode florescer. O atendente que sorri com sinceridade, o motorista que dirige com cuidado, o faxineiro que limpa com atenção, o cuidador que escuta com paciência — todos eles, ao agirem com makoto, tornam-se oferentes. Suas ações, mesmo invisíveis aos olhos da sociedade, são notadas pelos kami. E os kami, em seu silêncio atento, abençoam.

No Japão, há templos dedicados a ofícios específicos. Kami que protegem os pescadores, os agricultores, os estudiosos, os comerciantes. Cada profissão é acompanhada por divindades que compreendem suas dificuldades e suas alegrias. Ao buscar inspiração e proteção, o trabalhador reconhece que não está só. Que seu esforço participa de algo maior. Que seu suor, quando oferecido com verdade, é também oração.

O mundo moderno, marcado pela pressa, pela competição, pelo esgotamento, pode reencontrar equilíbrio ao recuperar esse sentido espiritual do trabalho. Não se trata de romantizar a labuta, mas de devolver-lhe dignidade. De lembrar que o corpo que trabalha é templo. Que o tempo que se doa é valioso. Que a energia investida constrói não apenas produtos e serviços, mas também vínculos, memórias, legados.

O Xintoísmo convida a essa reconexão. A olhar para o próprio ofício como missão. A transformar o espaço de trabalho em altar. A acordar com gratidão. A começar o dia com reverência. A encerrar a jornada com silêncio. Porque cada ação, quando feita com atenção, com respeito, com beleza, torna-se canal para o divino. E nesse estado de consciência, o ser humano não trabalha apenas para viver — vive para oferecer. Vive para servir. Vive para harmonizar o visível com o invisível.

Essa forma de viver o trabalho não exige ocupações extraordinárias, nem títulos de prestígio. O que ela pede é presença. O jardineiro que remove folhas com atenção, o técnico que revisa circuitos com precisão, o contador que organiza números com clareza — todos participam de um mesmo princípio: oferecer o melhor de si, mesmo nas tarefas mais discretas, como forma de honrar a vida. Esse espírito transforma o fazer em comunhão, e o cotidiano em rito silencioso. Quando o gesto é íntegro, ele reverbera além da ação. Ele purifica o ambiente, fortalece o caráter, eleva o espírito. E o mundo ao redor, mesmo sem notar, se beneficia dessa vibração.

Trabalhar com consciência é, portanto, alinhar-se ao fluxo maior que organiza o universo. O Xintoísmo mostra que não há tarefa pequena quando ela é executada com respeito. A repetição não é monotonia — é meditação. O esforço não é punição — é oferta. Mesmo os erros, quando reconhecidos com humildade, tornam-se parte do caminho. Cada tropeço revela um ponto a ser purificado. Cada acerto firma o elo entre o visível e o invisível. O trabalhador, assim, deixa de ser apenas agente de produção: torna-se elo consciente entre a terra e o céu, entre o mundo concreto e o mundo espiritual. Ele é ponte. Ele é canal. Ele é oferenda.

E ao viver dessa maneira, com inteireza, com zelo, com coração verdadeiro, o ser humano reencontra dignidade não no que possui, mas no que entrega. O trabalho deixa de ser espera por recompensa e se torna expressão da própria essência. Nesse estado, não é o cargo que confere valor à pessoa, mas a pureza com que ela vive sua função. E assim, mesmo em meio ao ruído do mundo moderno, uma nova quietude floresce: aquela que nasce da coerência, da simplicidade e da devoção contida no fazer. Porque onde há esforço sincero, ali também habita o kami — silencioso, invisível, mas presente em cada gesto bem feito.

Capítulo 21
Caminho da Prosperidade

No coração do Xintoísmo, a prosperidade não é tratada como um ideal distante ou como um bem reservado aos poucos favorecidos. Ela é percebida como consequência natural de viver em sintonia com os ritmos da natureza, com os ciclos da terra e com o fluxo invisível das bênçãos dos kami. Quando a existência se alinha ao que é verdadeiro, belo e harmonioso, a abundância se manifesta. Não como prêmio, mas como extensão de um estado interior. No Caminho dos Kami, prosperar é florescer — e esse florescimento é acessível a todos que vivem com gratidão, respeito e integridade.

A prosperidade, para o Xintoísmo, tem múltiplas formas. Ela não se limita ao dinheiro ou aos bens materiais. Inclui saúde vibrante, relações harmoniosas, tempo bem vivido, tranquilidade interior, proteção dos ancestrais, conexão com a terra, com os deuses e com a comunidade. A verdadeira riqueza é aquela que fortalece o espírito, que aprofunda os vínculos, que amplia a capacidade de servir. É por isso que, nos santuários, os pedidos por sucesso raramente vêm desacompanhados de gestos de reverência e gratidão. O devoto não exige — ele oferece. E nesse oferecer sincero, a energia da abundância começa a circular.

Os kami associados à prosperidade são numerosos e próximos. Entre eles, destaca-se Inari Ōkami, divindade das colheitas, do arroz, da fertilidade, dos negócios e da produtividade. Inari não é um deus abstrato. Ele se manifesta em milhões de pequenos e grandes santuários espalhados por todo o Japão, reconhecíveis por suas fileiras de torii vermelhos e pelas estátuas de raposas — seus mensageiros espirituais. Comerciantes, agricultores, empresários e famílias inteiras visitam seus templos para pedir sucesso em seus empreendimentos, boas colheitas, proteção contra perdas, fluidez nos negócios. Mas antes de pedir, oferecem: arroz, saquê, dinheiro, ramos de sakaki, orações. O ato de ofertar já é sinal de que se compreende o pacto silencioso entre homem e kami: dar para receber. Compartilhar para crescer.

Outro caminho de acesso à prosperidade no Xintoísmo é a veneração dos Shichifukujin, os Sete Deuses da Sorte. Embora essa tradição incorpore elementos do budismo e do folclore chinês, ela se enraizou profundamente na cultura japonesa e se harmonizou com o espírito xintoísta. Cada um desses sete kami representa uma dimensão da boa fortuna: longevidade, felicidade, riqueza, sabedoria, coragem, popularidade e fertilidade. Eles viajam juntos em um barco chamado Takarabune, carregado de tesouros simbólicos, que chega aos lares na virada do ano, trazendo bênçãos para o novo ciclo. Imagens desses deuses são distribuídas, desenhadas, veneradas. Eles não prometem milagres — eles lembram o povo de que a prosperidade é resultado da comunhão com o bem, com o belo, com o justo.

As práticas para atrair e manter a prosperidade são simples, mas carregadas de sentido. Uma delas é a confecção e o uso de omamori, amuletos de proteção e sorte consagrados nos santuários. Há omamori específicos para negócios, para exames, para contratos, para viagens, para investimentos. Esses pequenos objetos, geralmente feitos de tecido, contêm dentro de si uma oração, um nome de kami, um pedido. O devoto os carrega com respeito, sem abrir ou violar sua integridade, sabendo que ali reside uma força protetora invisível. Eles não são mágicos — são lembretes da presença dos deuses e da necessidade de agir com consciência.

Outro instrumento simbólico da prosperidade é a ema, a pequena placa de madeira onde os devotos escrevem seus desejos. Nos santuários, milhares dessas placas se acumulam diante dos altares, formando um coral silencioso de aspirações humanas: saúde, amor, emprego, superação, crescimento, reconhecimento. Cada pedido é feito com humildade. A escrita torna-se gesto ritual. E o kami, ainda que em silêncio, acolhe o desejo. Não promete cumpri-lo — promete ouvi-lo. E nesse ouvir, já há bênção.

Há também rituais específicos para negócios. Ao abrir uma loja, uma empresa ou um novo empreendimento, muitos japoneses realizam cerimônias de purificação e consagração. Um sacerdote é convidado, o espaço é limpo simbolicamente com ramos, sinos, água e palavras sagradas. O ambiente se torna campo fértil para o sucesso. E quem ali trabalha, passa a agir com mais responsabilidade, mais cuidado, mais devoção. O espaço deixa de ser apenas comercial. Torna-se extensão do templo. E o trabalho, como já visto, transforma-se em oferenda contínua.

Nos festivais, a prosperidade também é celebrada. Durante o Tōka Ebisu, por exemplo, os comerciantes agradecem a Ebisu, um dos sete deuses da sorte, por um ano de bons negócios. Recebem ramos de bambu decorados com moedas, pequenos barcos, peixes e outros símbolos de abundância. Esses ramos são levados para casa ou para a loja, onde permanecem durante o ano inteiro. Eles não são amuletos supersticiosos — são lembretes constantes de que a prosperidade é dom e responsabilidade. E ao final do ciclo, são devolvidos ao templo, queimados em rito coletivo, e substituídos por novos, simbolizando renovação.

Importante compreender que, no Xintoísmo, a prosperidade nunca é isolada. Ela é sempre relacional. Não se deseja riqueza para si apenas — deseja-se que ela beneficie a família, a comunidade, o entorno. A fortuna que exclui é vista como desequilíbrio. A abundância que se acumula sem partilha atrai o isolamento e a perda do sentido. Por isso, o culto aos kami da sorte está sempre atrelado a valores como gratidão, cooperação e reverência. Receber é bom. Compartilhar é melhor. E esse espírito é o que mantém a energia fluindo.

A prática constante da gratidão é uma das formas mais poderosas de manter a prosperidade. Não se agradece apenas quando algo é conquistado. Agradece-se sempre: pela manhã, por mais um dia; antes das refeições, pelo alimento; ao final do expediente, pelo esforço concluído; ao final de um ciclo, pelos aprendizados recebidos. A gratidão alinha o espírito. E um espírito alinhado é um imã natural de bênçãos.

Nas casas, essa espiritualidade da abundância também se manifesta. O kamidana, o altar doméstico, torna-se espaço para agradecer pelos ganhos, oferecer os frutos do trabalho, pedir orientação. Muitas famílias japonesas mantêm o costume de colocar parte do primeiro arroz colhido ou comprado diante do altar, simbolizando que aquilo que alimenta o corpo também nutre a relação com os deuses. Nada se possui sozinho. Tudo é dado. E o que é dado, deve ser cuidado.

Em tempos de crise, o Xintoísmo oferece serenidade. Ele ensina que os ciclos mudam, que a escassez pode ser parte do caminho, que o importante é manter o coração puro. Prosperidade não é ausência de desafios — é capacidade de manter-se íntegro diante deles. E a fé no retorno do equilíbrio é o que sustenta o devoto em momentos difíceis. Os kami não abandonam. Eles observam. Eles esperam o coração reencontrar seu centro.

O Caminho da Prosperidade, então, é um percurso interior antes de ser exterior. É uma forma de viver, de pensar, de agir. Não se trata de rituais mágicos para atrair fortuna, mas de uma postura existencial baseada na harmonia. Quando o ser humano vive com respeito, trabalha com dedicação, compartilha com generosidade, celebra com alegria e agradece com sinceridade, ele se torna canal de abundância. E onde ele está, a vida floresce.

O florescimento da vida, nesse contexto, não é apenas consequência de uma conduta ética, mas expressão de um elo vivo entre o humano e o sagrado. Esse elo se constrói no cotidiano — no cuidado com os detalhes, na intenção que permeia cada ação, na delicadeza de um gesto. Prosperar, então, é também manter-se sensível às manifestações sutis do divino: o cheiro do incenso que sobe aos céus, a brisa que balança os galhos do sakaki, o som das orações compartilhadas em uníssono. Tudo isso constitui a paisagem viva onde a abundância se torna possível. Porque, quando se vive com reverência, a realidade se transforma — e o comum revela sua sacralidade.

É nesse campo fértil, construído por atitudes de respeito e comunhão, que os frutos da prosperidade se tornam duradouros. Não há espaço para pressa, para acúmulo vazio ou para a obsessão pela performance. O Caminho dos Kami ensina que o que chega rápido, vai rápido; que o que é verdadeiro amadurece com o tempo, como o arroz nos campos. A vida próspera é aquela que respeita os tempos, que honra os processos, que acolhe tanto os invernos quanto as primaveras. A espiritualidade xintoísta aponta, assim, para uma riqueza que não esgota — mas que se renova continuamente, quanto mais é partilhada.

Assim, seguir pelo Caminho da Prosperidade é aceitar o convite a viver de forma plena, não por metas a serem atingidas, mas por estados a serem cultivados. O devoto não busca garantir seu futuro com promessas ou contratos divinos, mas caminha lado a lado com os deuses, com confiança e abertura. Ele sabe que, enquanto houver gratidão em seu coração, reverência em seus atos e generosidade em sua jornada, a abundância o acompanhará — como sombra segue corpo ao sol.

Capítulo 22
Círculo das Estações

O tempo, no Xintoísmo, não é linha reta. É ciclo. É espiral viva que se renova a cada estação, a cada lua, a cada nascimento e cada morte. O tempo não avança — ele gira. E nesse giro eterno, o ser humano encontra a chance de se reconectar, de se purificar, de recomeçar. As estações do ano não são apenas divisões climáticas — são expressões dos kami, manifestações rítmicas da presença divina na terra. E quem aprende a ler os sinais da natureza, aprende a viver em harmonia com o que é invisível aos olhos, mas palpável ao coração.

No Japão, onde o Xintoísmo floresceu, as estações são intensas, distintas, claras em seus sinais. A primavera traz o perfume efêmero das cerejeiras. O verão carrega o peso vibrante da vida em expansão. O outono pinta as folhas de vermelho, dourado e silêncio. O inverno cobre a terra de branco e recolhimento. Cada ciclo, com sua beleza única, oferece lições espirituais profundas. E os ritos xintoístas acompanham esse ritmo, não por tradição apenas, mas porque sabem: o kami fala com a terra, e quem escuta a terra, escuta o kami.

Na primavera, o despertar é celebrado. A vida retorna com suavidade e força. As cerejeiras florescem por poucos dias — e é nesse breve instante que se revela o ensinamento da impermanência. A beleza não está no que dura, mas no que é intensamente vivido. Os festivais como o Haru Matsuri enchem os santuários de cores e risos. Famílias e amigos reúnem-se sob as árvores em flor, não apenas para celebrar a natureza, mas para celebrar o milagre da renovação. O florescer das sakura é saudação dos deuses. É bênção visível. E ao sentar-se sob sua sombra, o devoto contempla não apenas a árvore — contempla a própria alma que floresce.

O verão traz o calor e a intensidade. Os campos se enchem de vida. O trabalho é árduo, mas o espírito se expande. Os matsuri tomam as ruas. Os kami são carregados em procissões. Tambores ressoam como batidas do coração coletivo. As danças, as oferendas, as lanternas flutuantes no rio — tudo é movimento, tudo é invocação. No calor do verão, o ser humano reencontra sua força vital. E os ritos celebram essa potência. O suor se torna oferenda. A música, oração. A noite iluminada por lanternas não é apenas festa — é comunhão.

No outono, o ritmo desacelera. As folhas caem como lembrança de que tudo retorna à terra. A colheita é feita. Os grãos são reunidos com gratidão. É tempo de agradecer, de recolher-se um pouco, de olhar para dentro. Os festivais outonais, como os ritos de oferenda de arroz novo, são silenciosos em sua profundidade. As oferendas não são feitas com pedido — mas com gratidão. O corpo se acalma. O coração se aquieta. E o espírito se prepara para o recolhimento. No vermelho das folhas, o kami pinta sua despedida. Não como fim — mas como transformação.

O inverno, com seu silêncio, é tempo de purificação. A paisagem se torna branca. Os sons se abafam. Os passos são lentos. E o devoto entra em estado de escuta. Os rituais de início de ano, como o Hatsumōde, convidam à renovação. Os santuários se enchem de preces para o novo ciclo. E mesmo sob a neve, o torii permanece firme, como sinal de que o sagrado nunca se ausenta. O frio não é castigo — é convite à interioridade. E quem se permite silenciar, ouve mais. Sente mais. Torna-se solo fértil para o que virá.

Mas o tempo, no Xintoísmo, não se limita às estações. Ele também é marcado pela lua, pelos ciclos agrícolas, pelos ritos da vida. O calendário ritual japonês entrelaça o solar e o lunar com fluidez. E cada data é uma ponte entre o cotidiano e o sagrado. Os festivais não são fixos apenas no calendário — são fixos no ritmo da terra. Celebram o plantar, o brotar, o crescer, o colher. E ao fazer isso, o povo reafirma sua ligação com a vida.

O praticante xintoísta aprende a olhar para o céu e para o campo como quem lê um texto sagrado. A nuvem que passa, o vento que muda, a flor que desabrocha, o pássaro que retorna — tudo é linguagem. Tudo é sinal. E a alma, afinada com esse ritmo, sabe o que fazer. Sabe quando agir, quando recolher-se, quando oferecer, quando agradecer. A vida deixa de ser luta contra o tempo — torna-se dança com ele.

A harmonia com os ciclos naturais não é apenas poética. É fonte de saúde, de equilíbrio emocional, de sabedoria prática. Quem vive em desacordo com as estações, adoece. Quem ignora os sinais da terra, perde-se. O Xintoísmo ensina que respeitar os ciclos é respeitar a própria essência. O corpo humano é feito de água, de vento, de terra. E tudo o que afeta a natureza, afeta também o espírito. Por isso, os ritos de purificação não são apenas simbólicos — são reais. Eles ajudam a desfazer o acúmulo do que não é mais necessário. Eles limpam a poeira invisível da alma.

Cada estação também convida a uma virtude. A primavera ensina leveza. O verão, coragem. O outono, gratidão. O inverno, sabedoria. Quem observa a natureza, aprende sem esforço. E quem vive em consonância com ela, caminha com os deuses. O torii, o sino, o altar, tudo isso é importante. Mas o vento, a flor, o frio e o calor também são altares vivos. E o devoto sabe: onde há vida, há kami.

Essa consciência cíclica do tempo ajuda a dissolver a ansiedade. Não há pressa onde há ritmo. Não há desespero onde há renovação. O erro cometido pode ser purificado. O ciclo que se encerra dará lugar a outro. O que parece perda é preparo para o novo. A confiança no fluxo da existência é uma das maiores oferendas que se pode fazer aos deuses. E é essa confiança que permite ao ser humano viver com beleza, mesmo diante da impermanência.

No Xintoísmo, viver é estar em relação. Com o outro. Com a natureza. Com os ancestrais. Com os deuses. E todos esses vínculos são tecidos no tempo. O tempo não é inimigo — é aliado. Ele não leva embora — ele transforma. E quem entende isso, transforma-se junto. Com serenidade. Com reverência. Com espírito desperto.

Viver dentro desse ritmo é permitir que o próprio coração bata ao compasso da terra, como tambor que ecoa a música dos céus. Cada estação, mais do que um cenário, é uma mestra silenciosa que convida o ser humano a observar-se, a rever-se, a recriar-se. No desabrochar da flor ou na queda de uma folha, há sempre um chamado sutil para a consciência: nada é permanente, mas tudo é precioso. A eternidade não está no que permanece igual, mas no que se transforma com graça. E assim, o tempo deixa de ser peso e se torna melodia — uma canção que conduz a alma de volta ao essencial.

Essa sabedoria dos ciclos não exige erudição, apenas presença. O simples ato de colher uma fruta em seu tempo, de silenciar diante do frio, de agradecer pela chuva ou pela colheita, torna-se prática espiritual. A natureza ensina sem palavras, e o Xintoísmo convida a escutá-la com o corpo inteiro. Ao se reconhecer parte desse todo pulsante, o ser humano encontra seu lugar — não como dominador da terra, mas como elo sensível entre o visível e o invisível. E esse pertencimento cura. Cura o excesso, a pressa, a desconexão. Ensina a caminhar mais devagar, mais inteiro, mais verdadeiro.

Seguir o Círculo das Estações é, portanto, aceitar a dança sagrada do tempo com humildade e alegria. É reconhecer que há um momento para cada coisa, e que cada momento carrega sua bênção própria. Nesse compasso fluido, o devoto se desfaz da rigidez e acolhe a impermanência como expressão da própria beleza da vida. E então, viver torna-se oferenda. Estar presente se torna oração. E o tempo, antes temido como passagem, revela-se caminho de retorno ao que é mais íntimo e divino.

Capítulo 23
Santuários no Exterior

Os kami não conhecem fronteiras. Eles não estão presos a um território, nem limitados por nacionalidade ou idioma. Onde houver respeito, pureza, gratidão e sinceridade, ali o espírito deles pode se manifestar. E é por isso que, mesmo fora do Japão, o Xintoísmo permanece vivo. Em comunidades distantes, em continentes diversos, em cidades que talvez jamais tenham visto uma cerejeira, os santuários surgem — discretos, silenciosos, mas carregados da mesma força ancestral que pulsa nos jinja do Japão. O culto aos kami atravessou oceanos, atravessou o tempo, e hoje floresce onde menos se espera.

A expansão do Xintoísmo para além do Japão não foi um projeto missionário, nem parte de uma estratégia de conversão. Ela aconteceu por causa das pessoas. Por causa dos imigrantes que, ao deixar suas terras, levaram consigo seus valores, seus ritos, seus amuletos, seus deuses. Ao chegarem ao Brasil, aos Estados Unidos, ao Peru, à Argentina, ao Havaí, ao Canadá, e a tantos outros lugares, essas pessoas encontraram novas terras, novas culturas, mas não abandonaram suas raízes espirituais. E onde se estabeleciam, criavam espaço para o sagrado.

No Brasil, por exemplo, a presença de santuários xintoístas remonta à primeira metade do século XX, especialmente nas regiões com grande concentração de imigrantes japoneses, como São Paulo, Paraná e interior do país. O mais conhecido é o Jinja Kaikan, localizado na zona sul de São Paulo, que abriga o Templo xintoísta Brasil-Japão, consagrado em 2015 com a presença de sacerdotes vindos diretamente do Japão. Ali, os ritos são conduzidos com a mesma precisão e reverência observadas nos templos japoneses. Há espaço para o misogi, para as preces, para a oferenda de sakaki, para os ritos de purificação, para a presença viva dos kami em solo brasileiro.

Em cada um desses espaços, há algo que permanece inalterado: o torii. A estrutura vermelha ou alaranjada, erguida mesmo em meio a prédios modernos ou campos tropicais, continua marcando o limiar entre o mundo profano e o sagrado. Passar por ele é o mesmo gesto simbólico, seja em Tóquio ou em São Paulo, seja ao pé do Monte Fuji ou às margens do Rio Tietê. O devoto se curva, bate palmas, reverencia, e o mundo muda. Não importa onde esteja o corpo — o espírito retorna ao eixo.

Os santuários fora do Japão seguem o mesmo calendário ritual. Realizam o Hatsumōde, a primeira visita do ano; organizam o Shichi-Go-San, os ritos para as crianças; celebram os matsuri com danças, músicas e alimentos tradicionais. Mesmo com adaptações culturais inevitáveis, o espírito dos ritos se preserva. Porque o essencial não está na forma, mas na sinceridade. E essa sinceridade não depende da geografia. Ela é universal.

Sacerdotes treinados no Japão, reconhecidos oficialmente pelas instituições xintoístas, têm atuado em diversos países. Alguns são descendentes diretos de imigrantes. Outros são estrangeiros que, com devoção profunda, se dedicaram a estudar, praticar e servir. Tornaram-se pontes entre culturas. Tornaram-se canais para a continuidade de uma tradição que, mesmo sendo profundamente enraizada na terra japonesa, tem vocação para o mundo. Porque os kami falam ao coração humano, e esse coração não tem nacionalidade.

Nos Estados Unidos, há santuários em lugares como o Havaí e a Califórnia. No Peru, a tradição floresceu entre comunidades nipo-peruanas, muitas das quais mantêm práticas devocionais em casa ou em centros comunitários. No Canadá, na Argentina, no México, há famílias que mantêm kamidana, que fazem preces diárias, que celebram festivais locais adaptados ao calendário xintoísta. A chama permanece acesa. E o kami, sensível à reverência, permanece presente.

O que se observa nesses contextos é a capacidade do Xintoísmo de adaptar-se sem corromper-se. Ele se acomoda ao novo solo, mas mantém sua essência. Ele acolhe novos praticantes sem exigir renúncia de outras crenças. Ele reconhece que a espiritualidade é vivência, não filiação. E é por isso que pessoas não descendentes de japoneses têm encontrado nesse caminho uma fonte de sentido, uma prática silenciosa de conexão com o divino, uma forma de habitar o mundo com mais leveza e atenção.

O Xintoísmo, vivido fora do Japão, desafia as noções rígidas de religião. Ele não impõe batismos, não exige juramentos, não proíbe outros caminhos. Ele apenas convida. Convida à pureza. Convida ao silêncio. Convida ao respeito pela natureza, pela vida, pelos ciclos. E quem responde a esse convite, seja em Tóquio, seja em Buenos Aires, seja em Londres ou Nairobi, torna-se parte do mesmo fluxo.

As dificuldades existem. A distância cultural, a escassez de sacerdotes, o desconhecimento geral sobre o Xintoísmo, o preconceito religioso. Mas esses obstáculos não impedem que os kami se manifestem. Onde há sinceridade, eles permanecem. Onde há cuidado com o espaço, com o tempo, com o outro, eles descem. Onde há coração limpo e presença desperta, eles dançam. Mesmo que não haja torii. Mesmo que não haja altar. Mesmo que a oferenda seja um gesto, uma palavra, um silêncio.

A natureza, sendo a principal morada dos kami, está presente em todos os cantos do planeta. O monte Fuji não está no Brasil, mas há montanhas que abrigam o mesmo silêncio. O mar de Okinawa não banha o Peru, mas as ondas do Pacífico sussurram as mesmas mensagens. A floresta japonesa não cresce no Canadá, mas os bosques de pinheiros e carvalhos escondem os mesmos sussurros. E quem caminha por essas paisagens com espírito de reverência, caminha com os kami.

O santuário no exterior não é apenas construção física. É símbolo de continuidade. É corpo de uma tradição viva. É espelho do compromisso que um povo tem com sua alma. E mais ainda: é ponte entre mundos. Entre o Japão e o país onde se ergue. Entre a cultura ancestral e o presente multicultural. Entre o visível e o invisível. Entre o humano e o divino.

Essa ponte não se constrói apenas com madeira, pedra ou papel de arroz — ela é feita de gestos cotidianos, de memórias partilhadas, de silêncio respeitoso diante do altar improvisado em uma estante, em um jardim, em um canto da sala. A espiritualidade xintoísta floresce onde houver cuidado com o invisível, e cada santuário no exterior, por menor que seja, é uma extensão do espírito japonês que vive não apenas na estética, mas na ética da reverência. O som do sino que ecoa em São Paulo ou em Vancouver não replica o Japão — ele revela que o sagrado é uma linguagem comum, compreendida por todos os que se aproximam com o coração aberto.

Nesses espaços transnacionais, o Xintoísmo assume uma função ainda mais ampla: torna-se ponte de reconciliação com a terra onde se vive, seja ela qual for. Os ritos conectam a espiritualidade ancestral com os ventos, águas e florestas locais, criando raízes simbólicas que respeitam o solo novo sem esquecer o antigo. É uma espiritualidade do encontro. Não há exigência de pertencimento étnico, tampouco de exclusividade. Há, sim, um convite à escuta. Um chamado à presença. E nessa convivência, surgem práticas híbridas, criativas e profundas, que enriquecem tanto a cultura local quanto a tradição dos antepassados.

Assim, os santuários fora do Japão não são vestígios de uma identidade perdida, mas sinais vivos de uma espiritualidade que se renova com os passos dos que continuam caminhando. São lugares onde o tempo desacelera, onde o gesto se torna oração, onde a distância vira proximidade. E cada um deles — mesmo o mais modesto, mesmo o mais isolado — carrega a promessa silenciosa dos kami: onde houver respeito, ali também estaremos. Onde houver beleza, ali floresceremos. Onde houver gratidão, ali nos faremos presentes.

Capítulo 24
Conversão Silenciosa

No Xintoísmo, não há porta que se feche nem ritual que se imponha. Aquele que se aproxima dos kami não precisa declarar nada, abandonar nada, provar nada. Basta viver com reverência. Basta cultivar a pureza, a gratidão, o respeito pela vida e pelo invisível. E assim, sem anúncios, sem iniciações formais, sem promessas ou obrigações, o coração do praticante se alinha com o ritmo dos deuses. A conversão, neste caminho, não é rompimento — é silêncio. Não é juramento — é prática. E não é identidade — é sintonia.

Diferente das religiões institucionais que se estruturam em torno de dogmas, códigos, filiações e credos, o Xintoísmo não exige exclusividade. Ele não nega outras crenças, não combate outras tradições, não exige renúncia. Ele não é religião de pertença, mas de presença. A pessoa pode ser cristã, budista, muçulmana, ateia — e ainda assim, encontrar no Xintoísmo um modo de viver com mais sentido. Porque o que ele oferece não é uma verdade fechada. É um modo de estar no mundo com leveza, sensibilidade e harmonia.

Essa abertura faz do Xintoísmo uma espiritualidade discreta. Ele não busca fiéis. Ele acolhe caminhantes. Aqueles que se aproximam fazem-no porque algo os chama: o silêncio de um santuário, o gesto de batida de palmas, o som de um sino, a beleza do torii, a simplicidade de uma oferenda. E ao reproduzirem esses gestos com sinceridade, já estão vivendo o caminho. A conversão não é um ato — é um processo. E esse processo começa no instante em que a pessoa percebe que há kami em tudo, e decide viver à altura dessa percepção.

O interessado que deseja se aproximar do Xintoísmo começa pela prática. Não há livros obrigatórios, nem doutrinas a memorizar. O primeiro passo pode ser montar um pequeno kamidana — um altar doméstico — onde sejam oferecidas orações e gestos simples de reverência. Pode-se adquirir um ofuda consagrado em um santuário, dispor flores, água, arroz, saquê. Pode-se fazer silêncio diante desse espaço todos os dias, com ou sem palavras, mas sempre com magokoro — o coração verdadeiro. Esse altar não é símbolo de posse. É lembrança da presença.

Além do altar, a pessoa pode incorporar à sua rotina práticas de purificação. Lavar as mãos e a boca antes de uma oração. Limpar a casa com intenção espiritual. Praticar o misogi de forma adaptada — um banho matinal consciente, por exemplo. Realizar agradecimentos antes das refeições. Prestar atenção à natureza. Visitar árvores, rios, montanhas, com respeito. Escutar o vento. Parar diante do nascer do sol. São gestos pequenos, mas profundamente transformadores. Porque o Xintoísmo se manifesta no cotidiano. Não nos discursos, mas nas escolhas silenciosas.

Com o tempo, pode-se visitar santuários, participar de matsuri, aprender as orações formais — os norito —, conhecer os diferentes tipos de kami e estabelecer afinidade com alguns deles. Pode-se estudar os mitos, mergulhar nos ensinamentos simbólicos do Kojiki e do Nihon Shoki, entender a origem da terra, o papel dos deuses criadores, os ciclos de luz e sombra, ordem e caos. Cada mito é um espelho. Cada rito é um espelho. E quem se olha com verdade nesses espelhos começa a perceber que o sagrado já está em si.

O Xintoísmo reconhece que não é preciso renascer para viver com os kami. Basta abrir os olhos. Basta limpar a mente. Basta alinhar o gesto com a intenção. E por isso, não há necessidade de cerimônias de iniciação. Não há autoridade que conceda um título. A autoridade maior é o próprio kami — e ele se revela no silêncio interior. Se o coração está puro, ele acolhe. Se a alma está presente, ele permanece. E não há intermediários obrigatórios entre o praticante e o divino.

Há, sim, sacerdotes e sacerdotisas. Há ritos oficiais. Há estruturas tradicionais. Mas o acesso ao kami não é condicionado a isso. A hierarquia existe, mas não para controlar — para servir. O sacerdote é guardião do rito. A miko é canal do gesto ritual. Mas o praticante comum, mesmo sem formação, mesmo sem descendência japonesa, pode viver o Xintoísmo de forma plena. Desde que haja sinceridade. Desde que haja respeito. Desde que haja cuidado com a beleza, com a ordem, com o silêncio, com o espaço.

E é justamente esse caráter não institucionalizado que torna a conversão uma experiência íntima, muitas vezes invisível aos olhos dos outros. Ninguém sabe, a não ser quem vive. O vizinho não percebe. A família não nota. Mas algo muda. A maneira de caminhar. O modo de se sentar. O jeito de lavar a louça. A atenção aos detalhes. O cuidado com os objetos. A gratidão que brota mesmo em dias difíceis. A leveza que se instala no olhar. Tudo isso é sinal de que a presença dos kami já encontrou morada.

Em países onde o Xintoísmo é pouco conhecido, essa conversão silenciosa pode parecer solitária. Mas ela nunca é. Porque os kami acompanham. Eles não precisam de multidões para se manifestar. Eles reconhecem o gesto pequeno feito com coração inteiro. E onde há esse gesto, ali o espaço se ilumina. Ali a pessoa se transforma. Ali o mundo se alinha.

É possível, para quem deseja aprofundar-se, entrar em contato com santuários fora do Japão, participar de encontros, cursos, cerimônias públicas. Muitos templos oferecem instruções, materiais traduzidos, acolhimento respeitoso. Mas nada disso é obrigatório. É apenas ferramenta. O essencial está na prática cotidiana. No cultivo da presença. No olhar reverente para a natureza. No respeito aos ancestrais. Na busca por pureza.

Não é raro que praticantes de outras tradições encontrem no Xintoísmo uma ponte, e não uma ruptura. Um cristão pode continuar rezando a Deus, mas aprender a agradecer à terra com reverência xintoísta. Um budista pode continuar meditando, mas encontrar nos ritos xintoístas uma expressão complementar de harmonia. Um cético pode descobrir, nos gestos silenciosos do Xintoísmo, uma espiritualidade que não exige crença — apenas atenção. E todos eles, mesmo sem renunciar ao que são, podem caminhar com os kami.

Essa convivência de caminhos, longe de enfraquecer o Xintoísmo, revela sua força mais delicada: a de ser presença que se encaixa, que acolhe sem exigir, que transforma sem violência. A conversão silenciosa é, na verdade, uma escuta profunda. Escuta da própria alma, escuta da natureza, escuta do que vibra entre as palavras. E é nessa escuta que os kami se aproximam. Não há um dia marcado para dizer "agora pertenço", porque essa pertença é sentida, não proclamada. A mudança não está no nome que se adota, mas no modo como se anda pelo mundo, como se toca a vida com mãos mais leves e olhos mais atentos.

Essa leveza, quando cultivada com constância, vai transbordando para todas as esferas da existência. As relações tornam-se mais respeitosas, o tempo mais sagrado, a rotina menos automática. A espiritualidade, que não exige juramentos nem adesões explícitas, passa a moldar o caráter com sutileza e profundidade. O praticante não "vira xintoísta" — ele se torna cada vez mais presente, mais afinado com a impermanência, mais sensível ao que pulsa além da superfície. E nessa transformação discreta, o mundo ao redor também muda: porque onde há alguém em harmonia, há um campo de harmonia sendo semeado.

No fim, a conversão silenciosa é uma flor que desabrocha sem alarde. Seu perfume não grita — apenas transforma o ar. E quem se aproxima, sente. Talvez não saiba nomear, talvez não reconheça de onde vem aquela calma, aquele brilho no olhar, aquele gesto cuidadoso. Mas sente. E nesse sentir, os kami se fazem perceber. Eles não pedem aplauso. Pedem presença. E onde há um coração puro que age com reverência, ali o Xintoísmo já floresceu — sem precisar dizer que chegou.

Capítulo 25
Sabedoria Ancestral

As palavras que os deuses pronunciaram, os gestos que fizeram, as escolhas que marcaram os primeiros tempos — tudo isso permanece vivo. No Xintoísmo, os mitos não são apenas narrativas do passado. Eles são mapas espirituais, reflexos simbólicos da realidade invisível, ensinamentos que atravessam os séculos como sementes lançadas sobre o solo fértil da existência humana. Não são histórias para se crer ou duvidar, mas para se viver. Porque cada mito é um espelho, e quem nele se contempla vê revelado não um mundo de deuses distantes, mas a própria alma em movimento.

O Kojiki e o Nihon Shoki, textos fundamentais do pensamento xintoísta, contêm essas histórias sagradas. Eles narram o nascimento do Japão, dos deuses e dos fenômenos naturais, como se tudo estivesse interligado — e está. Quando Izanagi e Izanami giraram a lança sobre o oceano primordial e criaram a primeira terra, não estavam apenas moldando ilhas. Estavam revelando que o mundo nasce do gesto sagrado, que a criação é resultado da harmonia entre masculino e feminino, entre ação e receptividade, entre intenção e forma. O Japão, assim, não é território profano — é solo consagrado pela presença dos kami desde a sua origem.

O mito do nascimento de Amaterasu, a deusa do sol, ilumina muito mais que o céu. Quando Izanagi, após descer ao mundo dos mortos e se purificar, lava seu olho esquerdo e dela nasce a luz, compreende-se que a luz não surge sem dor, que a claridade interior vem após o mergulho na escuridão. Amaterasu é o sol que aquece, que guia, que alimenta, mas também é símbolo da consciência desperta, da nobreza do espírito, da sabedoria que se revela quando se olha com verdade para dentro. A reverência a ela, ainda hoje central no Xintoísmo, é reverência à vida iluminada, ao caminho claro, ao centro solar que existe em cada ser.

Mas não há luz sem sombra, e por isso o mito de Susanoo, irmão de Amaterasu, é tão necessário. Ele representa a tempestade, o caos, a desordem emocional. Seu comportamento impulsivo, destrutivo, instintivo, causa dor e ruptura. Mas ele também protege, enfrenta dragões, busca redenção. Ele é o aspecto não domado da alma, que precisa ser integrado. Quando Amaterasu se esconde na caverna por medo de seu irmão, o mundo mergulha na escuridão. Mas a saída dela é ritual — dança, riso, espelho. A luz não volta pela força — volta pela beleza, pelo encantamento, pelo reflexo. E esse reflexo é um dos maiores símbolos do Xintoísmo: o espelho sagrado que representa Amaterasu em tantos santuários é também símbolo do eu desperto, da alma clara, do coração verdadeiro que reflete o céu.

Essa narrativa ensina que a harmonia não é ausência de conflito, mas superação dele. Os deuses erram, brigam, se afastam — mas voltam. E ao retornarem, restauram o mundo. Esse movimento de ruptura e recomposição é profundamente humano. É arquetípico. É universal. E por isso os mitos xintoístas tocam o leitor contemporâneo com tanta força. Eles não são exóticos. São íntimos. São retratos da alma em sua jornada de autoconhecimento, equilíbrio e integração.

A relação entre os deuses e os humanos nos mitos também revela a continuidade entre as esferas. Não há separação rígida. Os ancestrais humanos descendem dos kami. Os imperadores são herdeiros espirituais de Amaterasu. Cada ser humano carrega em si essa centelha divina. E por isso, viver com retidão, com pureza, com sinceridade, é também honrar a linhagem espiritual da qual se é parte. O respeito aos antepassados não é apenas homenagem — é reconhecimento de que a vida se sustenta sobre vidas anteriores. E que os gestos de hoje ecoam nas gerações futuras.

Outros mitos revelam a importância da coragem, da compaixão, da verdade interior. A história de Ōkuninushi, por exemplo, ensina sobre humildade, sacrifício e sabedoria. Ele é enganado, sofre, morre, ressuscita, e ao final se torna senhor do mundo invisível. Sua trajetória é marcada por provas e perdas, mas também por revelações. É ele quem ajuda os coelhos feridos, quem ouve as vozes do mundo espiritual, quem compreende que o poder verdadeiro não nasce da imposição, mas da escuta. E nesse mito, como em tantos outros, o poder é reconfigurado: ser forte é ser verdadeiro. Ser líder é ser servidor do bem comum.

A história da deusa Uzume, que dança diante da caverna de Amaterasu e a faz rir, é um lembrete de que a alegria também é sagrada. O riso não é superficial. Ele cura. Ele ilumina. Ele abre portas. A dança ritual que ela realiza, chamada kagura, tornou-se uma das práticas mais importantes dos santuários. Porque o corpo que dança com beleza torna-se canal para o kami. E isso o mito já dizia. Os contos ancestrais não são histórias de outros. São revelações sobre como viver melhor, sobre como lidar com a sombra, sobre como restaurar a luz.

Esses mitos não se limitam à infância ou à formação cultural do povo japonês. Eles continuam vivos porque continuam verdadeiros. A pessoa que os lê com olhos do espírito percebe que estão falando dela. Do medo que paralisa. Da raiva que destrói. Do gesto que cura. Do silêncio que acolhe. Da presença que transforma. E ao se reconhecer nessas narrativas, ela reencontra sentido. Reencontra direção.

O Xintoísmo, ao preservar esses mitos, não os transforma em dogmas. Ele os oferece como paisagens. Cada um pode percorrê-las à sua maneira. Pode ver ali o que precisa ver. Pode colher o que está pronto para colher. E ao retornar, traz consigo não respostas, mas perguntas melhores. Porque os mitos não explicam — despertam.

Ler o Kojiki, visitar um santuário, recitar um norito, participar de um festival, fazer uma oferenda, tudo isso é parte de uma mesma escuta. O mito fala, mas fala em silêncio. Ele não exige fé cega. Ele pede sensibilidade. E quem desenvolve essa sensibilidade começa a perceber que a vida também é feita de símbolos. Que o mundo é espelho. Que os deuses continuam sussurrando em meio às árvores, às nuvens, aos sonhos, aos gestos cotidianos.

A sabedoria ancestral do Xintoísmo é leve, mas profunda. Não pesa sobre os ombros. Eleva. Não corrige com dureza. Orienta com beleza. E sua força está justamente na ausência de rigidez. É uma sabedoria que se dobra como bambu, mas não se quebra. Que se renova como as estações. Que permanece viva porque vive dentro de cada ser que a reconhece.

A continuidade dessa sabedoria não depende apenas da preservação dos textos antigos, mas do modo como os mitos se enraízam no cotidiano. Quando alguém escolhe o silêncio diante do conflito, honra Amaterasu; quando acolhe o caos interior com paciência, está dialogando com Susanoo. Quando dança com leveza em meio à dor, reverbera a ousadia curativa de Uzume. Esses ecos mitológicos não se restringem ao Japão antigo — eles se repetem discretamente em salas de aula, cozinhas, florestas, mercados e templos, por toda parte onde alguém se lembra de viver com consciência, reverência e coragem.

O mais notável é que essa herança não exige ser entendida no nível racional. Ela penetra pelo sensível, pelo simbólico, pela experiência. Uma criança que observa o vapor do arroz subindo diante do altar não precisa compreender os mitos para intuir que há ali algo sagrado. Um adulto que caminha por um bosque e sente um arrepio silencioso, talvez nunca tenha lido o *Kojiki*, mas já está, de certa forma, em comunhão com os kami. A sabedoria ancestral não se impõe. Ela espera. E quando o coração está pronto, ela se revela — não como teoria, mas como reconhecimento. Como lembrança. Como reencontro.

    Seguir essa trilha é aceitar o convite a viver poeticamente. A escutar os ensinamentos antigos como se fossem sussurros do próprio coração. A perceber que cada gesto simples pode carregar o peso suave do sagrado. Nesse percurso, não há mestres a obedecer, apenas espelhos a contemplar. E quanto mais clara se torna a imagem refletida, mais o praticante compreende: os mitos não contam histórias de deuses distantes. Eles mostram caminhos para que cada ser humano, com seus próprios passos, encontre luz mesmo na sombra — e transforme sua vida em expressão viva da sabedoria que nunca morre.

Capítulo 26
Caminho Interior

O Xintoísmo, tão profundamente enraizado na reverência à natureza e nas práticas comunitárias, também contém em si um núcleo de silêncio. Um núcleo que não se mostra com facilidade, mas que pulsa como centro vivo de toda a tradição. Há um caminho dentro do caminho — o caminho interior. Um modo de escutar que se faz sem palavras, de ver que se faz sem esforço, de sentir que se faz sem possuir. Ao lado dos ritos e festivais, ao lado dos santuários e sacerdotes, existe o espaço invisível onde o encontro com o divino se dá diretamente, sem intermediários. E esse espaço é o interior do ser.

Diferente das tradições que desenvolvem técnicas formais de meditação, o Xintoísmo oferece uma aproximação espontânea, sensorial, natural à contemplação. Ele não impõe posturas, não dita métodos. Ele convida ao estar. Ao simplesmente estar. Estar diante do rio, estar sob a árvore, estar diante da bruma da manhã, e ali, não como turista do mundo, mas como parte dele, permitir que o silêncio revele o que palavras não alcançam. Essa prática, não sistematizada, não nomeada, é uma das mais profundas expressões do espírito xintoísta. Porque nela, o ser humano se retira de si, e ao mesmo tempo, se encontra.

O magokoro — o coração verdadeiro — é a chave desse caminho. O coração que não busca impressionar, que não deseja provar, que não se inquieta com dúvidas. Um coração que simplesmente vibra em harmonia com o que é. Ele não se fecha na análise. Ele se abre à experiência. E quando esse estado é alcançado, mesmo que por breves instantes, o praticante percebe que a separação entre o eu e o mundo é ilusória. Que a árvore não está ali por acaso. Que a pedra tem algo a dizer. Que o vento carrega memórias ancestrais. Que o céu, tão vasto, cabe inteiro dentro de um instante de presença.

A introspecção no Xintoísmo não é recolhimento como fuga. É escuta como modo de ser. E essa escuta pode se dar em qualquer lugar: na quietude de um bosque sagrado, no som da água batendo nas rochas, no canto das cigarras ao entardecer, na contemplação de um jardim ordenado com simplicidade. Não se trata de isolar-se do mundo. Trata-se de sintonizar-se com ele em seu estado mais puro. Por isso, muitas vezes o praticante prefere não dizer que está meditando. Ele está apenas vivendo com atenção. Ele está apenas caminhando com os olhos abertos para o invisível.

A espiritualidade introspectiva do Xintoísmo encontra expressão em práticas como a visita silenciosa aos santuários. Não há necessidade de pedir. Não há necessidade de falar. O simples gesto de caminhar em direção ao torii, de passar por ele com consciência, de purificar as mãos e a boca com a água fresca, de curvar-se diante do altar, de bater duas palmas e silenciar —

tudo isso já é meditação. Já é oração. Já é comunhão. O corpo se torna rito. O silêncio se torna palavra. E o espaço se ilumina, não com velas ou incenso, mas com a presença real do que é sagrado.

Alguns praticantes desenvolvem rotinas pessoais de contemplação. Acordam cedo para saudar o sol. Não com fórmulas. Com presença. Olham para o céu, sentem a brisa, colocam os pés no chão ainda úmido. Fazem silêncio por um minuto, por três, por sete. E nesse tempo curto e eterno, sintonizam-se com o que os deuses estão dizendo naquele dia. Outros preferem o entardecer. Sentam-se à sombra de uma árvore, observam as mudanças de luz, acompanham a respiração. Não há mantra. Não há desejo. Só há escuta.

Cuidar do espaço também é uma prática interior. Varre-se o chão como quem limpa o próprio espírito. Arruma-se a mesa como quem prepara um altar. Lava-se a louça como quem realiza um ritual de purificação. A ordem externa repercute na ordem interna. A estética se transforma em ética. E o belo, quando vivido com simplicidade, revela o caminho do sagrado. O lar se torna templo. A rotina se torna rito. E o devoto percebe que não precisa ir longe para encontrar os deuses. Porque eles já estão ali, habitando cada gesto feito com intenção.

Esse modo de vida introspectivo se reflete na arquitetura dos santuários, na disposição dos jardins, na organização das aldeias tradicionais. Nada grita. Nada exibe. Tudo acolhe. Tudo sussurra. O espaço convida à pausa. À respiração. À presença. E mesmo quem não conhece os ritos, mesmo quem não entende os símbolos, sente-se tocado por essa atmosfera. Porque o sagrado, quando é real, não exige tradução. Ele toca o coração de quem está atento. E a atenção é a porta do caminho interior.

Nas montanhas do Japão, há lugares de retiro onde monges e praticantes do Xintoísmo buscam esse contato mais profundo com a natureza e com o próprio espírito. Caminham em silêncio. Dormem sob as estrelas. Bebe-se água das fontes como se fosse vinho divino. Come-se com reverência. Não por obrigação. Mas porque a vida é percebida como dom. E quando se vive assim, a comida não é apenas alimento — é dádiva. A noite não é apenas ausência de luz — é mergulho. O frio não é apenas clima — é lição.

O Xintoísmo, mesmo sem formalizar métodos meditativos como o zazen do budismo, ensina uma forma de atenção que transforma. E essa atenção começa pelo corpo. Pela respiração. Pela forma de caminhar. Pelo modo de se sentar. Pelo cuidado com o que se toca. O corpo, quando desacelerado, quando vivido com consciência, se torna instrumento de revelação. E o devoto aprende, aos poucos, que o que se busca está sempre mais próximo do que se imagina.

O caminho interior é, por isso, o mais acessível e o mais exigente. Ele não precisa de ritos grandiosos, mas exige presença real. Ele não requer conhecimento profundo, mas requer verdade. Ele não impõe dogmas, mas convida à escuta constante. E quem aceita esse convite, mesmo que uma vez ao dia, mesmo que por poucos minutos, descobre que os kami falam em silêncio. Que o universo tem sua linguagem. Que a alma, quando ouve, encontra paz.

Essa dimensão contemplativa é essencial para o equilíbrio da vida moderna. Em meio ao ruído, à pressa, ao excesso de estímulos, o Xintoísmo propõe a pausa. Não para fugir do mundo, mas para reencontrar-se nele. O praticante que vive com atenção aos ciclos da natureza, com gratidão pelas pequenas coisas, com respeito pelos ritmos internos, transforma-se em presença. E sua presença, por si só, já é oferenda. Já é prece. Já é ponte entre mundos.

Nos caminhos silenciosos do Xintoísmo, a vida cotidiana revela-se como uma sucessão de portais sagrados. Cada gesto, cada olhar atento, cada instante de presença plena, torna-se uma oportunidade de reverência. Não há necessidade de buscar fora o que pulsa dentro: os kami, que habitam árvores, pedras e fontes, também habitam o sopro do agora. E assim, cultivar a interioridade não é afastar-se da vida, mas aprofundar-se nela — sentir que o simples pode ser sagrado, que o ordinário contém o extraordinário, e que a escuta verdadeira transforma até o mais banal dos momentos em comunhão viva.

Essa consciência se estende para além do indivíduo, irradiando-se nos vínculos com os outros e com o mundo. O cuidado com o ambiente, a gentileza nos gestos, o respeito pelo tempo das coisas: tudo passa a ser expressão desse caminho interior. E o que antes parecia trivial — varrer um chão, preparar um chá, acender uma lanterna — adquire uma densidade espiritual. O silêncio deixa de ser ausência de som para tornar-se presença densa, viva, receptiva. Como uma superfície de água tranquila, espelha não só o céu, mas também os sentimentos mais profundos, que só se revelam quando não há pressa.

    Nesse estado de atenção simples e sincera, o devoto percebe que o caminho interior não conduz a outro lugar, mas aprofunda o lugar onde se está. A jornada espiritual não é uma escada para o alto, mas um mergulho no presente. E ali, no centro do agora, entre o bater de palmas e o som do vento, entre o toque da água fresca e o olhar para o céu da manhã, a alma reconhece que já está em casa. Não há separação entre o sagrado e o cotidiano. Há apenas presença.

Capítulo 27
Beleza como Caminho

Há uma delicadeza essencial que permeia cada aspecto do Xintoísmo. Não é ostentação, não é artifício. É uma beleza contida, quase invisível, mas absolutamente presente. Um gesto leve ao dispor uma flor no altar. A forma como um torii se eleva contra o céu. A curva de um telhado que acompanha o contorno das nuvens. A disposição das pedras em um jardim onde cada elemento parece ter encontrado seu lugar por si só. Esta beleza, tão discreta e tão poderosa, não é apenas um reflexo estético — é uma trilha espiritual. No Xintoísmo, a beleza é caminho. Caminho para o sagrado, caminho para o coração, caminho para a presença dos kami.

Essa percepção da beleza como experiência espiritual está profundamente enraizada na sensibilidade japonesa, especialmente na ideia de wabi-sabi. Wabi é a simplicidade modesta, a elegância do essencial, o contentamento com o que é. Sabi é a beleza da passagem do tempo, a aceitação da imperfeição, o valor da transitoriedade. Juntos, formam uma estética que celebra o que está inacabado, o que está envelhecido, o que se transforma. Uma xícara rachada, uma madeira gasta, uma folha caída sobre uma pedra — tudo isso, quando observado com reverência, torna-se espelho do divino.

O Xintoísmo não separa o belo do sagrado. O que é belo, quando vivido com pureza, é automaticamente expressão da presença divina. E por isso, os espaços sagrados não se impõem. Eles se integram. Um santuário não é construído para dominar a paisagem, mas para conversar com ela. O caminho que leva até ele é cercado por árvores, o som do vento é parte da liturgia, a luz filtrada pelas folhas se torna iluminação natural. A natureza não é moldura — é corpo do templo. E a beleza que se revela ali não é fabricada. É revelada.

Viver o Xintoísmo é aprender a perceber essa beleza. É tornar-se sensível ao invisível. É desacelerar o olhar, limpar a mente, permitir que o mundo se apresente sem interferência. E esse aprendizado não exige conhecimento técnico. Exige atenção. A flor que desabrocha no caminho para o trabalho. O arranjo sutil de utensílios sobre a mesa. O modo como a sombra se projeta sobre o tatame ao entardecer. Nada é banal. Tudo é manifestação. E quem vê com olhos de oferenda transforma cada instante em culto.

O cotidiano, assim, se torna território de expressão estética e espiritual. Arrumar a casa com cuidado. Limpar um canto esquecido com zelo. Escolher um objeto com intenção. Manter um espaço ordenado. Preparar uma refeição com atenção aos detalhes. Vestir-se com sobriedade e beleza. Tudo isso, quando feito com magokoro, é culto. É forma de entrar em sintonia com o fluxo dos kami. Porque os deuses não exigem templos de mármore. Eles se sentem à vontade onde há harmonia.

Essa harmonia não é uniforme. Ela não exclui o irregular. Ao contrário, o wabi-sabi ensina que é justamente na assimetria, na impermanência, na rusticidade, que a beleza floresce com mais verdade. A folha que cai marca o tempo. O musgo que cobre a pedra revela o silêncio dos dias. A casa antiga que range ao vento fala de vidas que ali passaram. O Xintoísmo honra esse tempo. Honra essa memória. Honra o que envelhece com dignidade. Porque o que carrega história carrega espírito. E onde há espírito, há kami.

Os rituais, mesmo os mais simples, são permeados por essa estética da reverência. O altar não é amontoado de símbolos — é espaço limpo, arejado, equilibrado. Um vaso com água, um ramo de sakaki, uma tigela com arroz, uma vela, talvez um incenso. Nada sobra. Nada falta. O espaço entre os objetos é tão importante quanto os próprios objetos. E essa atenção à forma educa o espírito. Ensina que o excesso perturba. Que o ruído afasta. Que a beleza precisa de silêncio para se revelar.

Nas cerimônias maiores, essa estética se amplifica. As roupas dos sacerdotes, os gestos coreografados, os instrumentos musicais, os movimentos das miko — tudo é dança. Tudo é cuidado. Não há pressa. Não há distração. O tempo se estende. A mente se aquieta. E o corpo se torna veículo do sagrado. A beleza, aqui, não é espetáculo. É meio de conexão. Ela não serve para encantar os olhos. Ela serve para abrir o coração.

Mesmo a escrita dos norito, as orações formais, segue esse princípio. São palavras poéticas, rítmicas, quase musicais. São ditas com voz calma, contínua, envolvente. O som tem peso. O silêncio entre os sons tem profundidade. O sentido não está apenas no conteúdo — está na forma. E essa forma, vivida com sinceridade, cria um campo de presença. O kami ouve. O praticante sente. A harmonia se estabelece.

No lar, essa sensibilidade se manifesta nos gestos pequenos. A maneira como se coloca uma flor no genkan, a entrada da casa. A forma como se organiza a cozinha. A disposição dos objetos no kamidana. O cuidado com a limpeza. A escolha dos utensílios. Nada é neutro. Tudo comunica. Tudo vibra. E quando o ambiente vibra em harmonia, a alma se aquieta. A casa se torna templo. O dia se torna rito.

Essa valorização da beleza discreta também ensina a lidar com o envelhecimento, com a imperfeição, com a finitude. A xícara lascada não é jogada fora. Ela é reparada com ouro — técnica conhecida como kintsugi. E essa cicatriz dourada passa a ser a parte mais bela da peça. Porque não se esconde a dor. Transforma-se em arte. A vida, com suas perdas e suas marcas, é igualmente digna. O rosto que envelhece. O corpo que muda. O coração que se parte. Tudo pode ser refeito. Tudo pode brilhar.

A estética xintoísta, portanto, não é luxo. É ética. É caminho de interiorização. É disciplina do olhar. É purificação da alma pelo gesto. E quem cultiva esse olhar começa a ver o mundo com outros olhos. Começa a ouvir o som das folhas. A perceber a dança da poeira na luz. A sentir o calor de um chá como bênção. Começa a estar, realmente estar, onde está.

O Xintoísmo convida a essa presença. A viver não apenas por função, mas por beleza. A trabalhar não apenas por obrigação, mas por harmonia. A habitar os espaços não apenas por necessidade, mas por reverência. E quando isso se torna natural, quando o gesto mais simples carrega espírito, a pessoa se torna canal do sagrado. Seu caminhar é rito. Seu silêncio é oração. Sua casa é altar. Sua vida, caminho.

A beleza, quando acolhida como via de expressão espiritual, revela-se não como um adorno, mas como um modo de escuta. Escuta do mundo, escuta de si, escuta dos kami. Nesse estado de sensibilidade desperta, os contrastes entre simplicidade e profundidade desaparecem: um tronco retorcido torna-se ensinamento; uma sombra que se alonga no fim da tarde, um lembrete de que tudo passa. O olhar afinado pela estética xintoísta é, ao mesmo tempo, um olhar que cura — porque não busca corrigir o imperfeito, mas vê nele uma forma de verdade. A beleza, então, deixa de ser algo que se contempla de fora e passa a ser algo que se habita por dentro.

Essa forma de habitar o mundo transforma silenciosamente o cotidiano. E transforma também o sujeito. O que antes era executado com pressa, torna-se prática sagrada. O que antes era descartado, agora é reparado com afeto. A beleza deixa de ser função da juventude ou da simetria e se converte em uma questão de presença e intenção. A alma sintonizada com essa vibração encontra serenidade mesmo em meio à impermanência. Afinal, quando se compreende que tudo é fluxo — a luz, o corpo, a emoção —, é possível finalmente repousar no momento com gratidão. O tempo, então, deixa de ser inimigo e passa a ser moldura de revelações.

    Assim, viver pela beleza não é futilidade — é coragem. Coragem de abrir os olhos para o efêmero e encontrar nele algo eterno. Coragem de reconhecer o divino nos detalhes mais humildes. Coragem de se entregar ao gesto com verdade. Quando o caminhar se torna dança, o silêncio se torna música, e o olhar se torna bênção, percebe-se que a beleza não está nas coisas, mas no modo de vê-las. E nesse modo, tão íntimo e silencioso, a alma toca o que há de mais sagrado.

Capítulo 28
Espírito da Gratidão

No coração do Xintoísmo, pulsa uma força suave, invisível e poderosa. Uma força que não depende de rituais elaborados, nem de palavras complexas. Uma força que está ao alcance de qualquer pessoa, em qualquer lugar, a qualquer momento. Essa força é a gratidão. Não como sentimento ocasional, mas como estado contínuo de consciência. Não como resposta a um favor recebido, mas como reconhecimento silencioso do dom da existência. Gratidão, no Xintoísmo, não é apenas virtude — é ponte viva entre o humano e o divino.

Desde os primeiros momentos do dia, o praticante é convidado a agradecer. Ao abrir os olhos, ao sentir a luz do sol, ao ouvir o som do vento ou da chuva, ao respirar profundamente, há uma oportunidade de reverência. O corpo que desperta, a casa que abriga, o alimento que espera, o trabalho que o chama, tudo isso são dádivas. E cada uma dessas dádivas, quando reconhecida como tal, fortalece o elo com os kami. Porque os deuses não exigem oferendas grandiosas. Eles se fazem presentes quando há gratidão sincera.

Essa gratidão se expressa em gestos simples. Um inclinar de cabeça diante do kamidana. Uma respiração consciente antes de uma refeição. Um olhar atento para o céu ao final da tarde. Um toque leve sobre a árvore ao passar. Um suspiro profundo diante de uma flor que floresceu. São momentos breves, mas cheios de presença. E essa presença transforma tudo. Porque quando se está realmente presente, percebe-se que nada é garantido. Tudo é dom. E esse reconhecimento abre o coração.

As preces no Xintoísmo são, em sua maioria, preces de agradecimento. O devoto não se aproxima do santuário apenas para pedir. Ele vai, sobretudo, para agradecer. Agradecer pelo que recebeu, pelo que não aconteceu, pelo que aprendeu, pelo que foi possível. Agradecer mesmo o que não se entende. Porque no fluxo da vida, até aquilo que parece perda pode conter bênção. Os kami conhecem caminhos que o humano não vê. E confiar neles é também um ato de gratidão.

Nos festivais, essa dimensão agradecida ganha corpo. O Niiname-sai, por exemplo, é um dos ritos mais antigos e sagrados, em que o imperador oferece aos deuses o primeiro arroz da colheita, em nome de todo o povo. Antes de comer, oferece. Antes de usufruir, reverencia. É a ordem natural das coisas no Xintoísmo: primeiro, reconhecer. Depois, receber. Aquele que agradece se torna digno do que possui. Aquele que apenas exige, rompe o fluxo.

Essa ética da gratidão molda a cultura japonesa de maneira profunda. O hábito de agradecer antes e depois das refeições — itadakimasu e gochisōsama — não é mera formalidade. É expressão viva do respeito pela comida, pelo trabalho de quem a preparou, pela vida dos seres que ali se transformaram em sustento. Agradece-se ao peixe, ao arroz, ao agricultor, ao cozinheiro, ao fogo, à terra, ao tempo. A refeição não é banal. É ritual. E o alimento, quando recebido com consciência, nutre mais do que o corpo — nutre o espírito.

Da mesma forma, o trabalho é iniciado com agradecimento. A semana começa com saudações formais, com gestos de reverência, com rituais em empresas e lojas. Muitos estabelecimentos mantêm seus kamidana ativos, com oferendas de água, sal e arroz. A cada manhã, recomeça-se com gratidão. E quando algo dá certo, celebra-se. Quando algo falha, aprende-se. E em ambos os casos, agradece-se. Porque viver já é motivo para isso.

Os próprios santuários são espaços de gratidão coletiva. Os ema, pequenas placas de madeira onde os fiéis escrevem seus desejos ou agradecimentos, acumulam-se nos altares com milhares de mensagens silenciosas. "Obrigado pela saúde", "pela cura", "pela vida do meu filho", "por este ano que termina", "pelo amor reencontrado". Cada placa é um testemunho de que a espiritualidade não precisa de milagres extraordinários. Ela precisa de olhos que veem a dádiva no que é comum.

A gratidão também se manifesta no cuidado com os ancestrais. Ao visitar os túmulos, ao limpar os memoriais, ao oferecer flores e incenso, o devoto não está apenas cumprindo um dever. Está expressando gratidão por sua própria existência. Cada vida é continuidade. Cada nascimento é ponte. E quem reconhece a linhagem que o precedeu vive com mais respeito, com mais humildade, com mais equilíbrio.

Esse espírito agradecido não nega o sofrimento. O Xintoísmo não romantiza a dor. Mas ele ensina que, mesmo na dor, há espaço para gratidão. Gratidão pela força que surge. Gratidão pelas mãos que ajudam. Gratidão pelo tempo que cura. Gratidão pela consciência que amadurece. E quando essa gratidão se instala, a dor não se torna menor — mas o coração torna-se maior.

A prática cotidiana da gratidão tem efeitos profundos. Ela organiza a mente, purifica o olhar, alinha o ser. A pessoa que agradece vive com menos peso. Reclama menos. Cobra menos. Compara-se menos. Sente-se parte do fluxo. Sente-se acompanhada. Sente-se plena. Porque a gratidão é a linguagem dos kami. Eles não falam em voz alta. Mas respondem à sinceridade. E quem agradece, escuta. Quem agradece, recebe mais. Não porque pediu — mas porque se tornou capaz de reconhecer.

Essa prática não exige grandes transformações. Começa com o acordar e olhar o céu. Com o abrir uma janela e deixar o ar entrar. Com o dizer "obrigado" com intenção. Com o escrever três motivos para agradecer ao fim do dia. Com o lembrar de quem esteve presente. Com o tocar um objeto querido com respeito. Tudo é campo de gratidão. E cada instante assim vivido torna-se um altar.

Os kami não pedem perfeição. Pedem presença. E a gratidão é a forma mais pura dessa presença. Ela não é espetáculo. É estado. É vibração silenciosa que transforma o ambiente. Que torna o chão mais firme.

Que clareia o pensamento. Que cura o ressentimento. Que dissolve o egoísmo. A gratidão é o oposto do esquecimento. É o reconhecimento. E quem reconhece vive de outro modo. Caminha com outra leveza. Respira com outra profundidade.

No Xintoísmo, viver com gratidão é viver em comunhão com o mundo. É perceber que a vida, mesmo com suas imperfeições, é generosa. Que o tempo é professor. Que a morte é parte do ciclo. Que a presença dos outros é bênção. Que o simples é suficiente. Que o agora, vivido com atenção e gratidão, já contém tudo.

A gratidão, quando plenamente vivida, transforma a existência em reciprocidade constante. Não há separação entre quem dá e quem recebe, entre o ofertado e o que se oferece em troca. Tudo se mistura num mesmo gesto: o arroz que alimenta, a terra que sustenta, o sol que aquece — e o coração humano que, ao reconhecer, devolve ao mundo não apenas palavras, mas presença. Nessa dança silenciosa entre dar e agradecer, o viver cotidiano torna-se celebração, não por grandes acontecimentos, mas pelo milagre escondido nos detalhes, pelo sagrado que se esconde no simples. A gratidão, assim compreendida, é muito mais do que resposta: é um modo de ser no mundo.

Esse modo molda o olhar. Quem vive com gratidão aprende a ver com mais nitidez, a sentir com mais inteireza, a ouvir com mais escuta. As reclamações perdem espaço, não por repressão, mas porque a alma muda de frequência. O mundo, com todos os seus contrastes, passa a ser percebido como lugar de aprendizado e revelação. Até os encontros difíceis deixam rastros de sabedoria. E mesmo nas perdas, há uma luz que se mantém acesa — não de negação, mas de compreensão. Quando o espírito se volta ao reconhecimento do que é, em vez da expectativa do que falta, brota uma paz que não depende de garantias. Uma paz que nasce do vínculo com a própria impermanência.

    Nesse estado, a vida deixa de ser um caminho de exigências para tornar-se um caminho de acolhimento. E caminhar torna-se mais leve. Não porque os pesos desaparecem, mas porque o coração se alinha àquilo que é essencial: o dom da existência, a presença dos outros, a generosidade da natureza, o silêncio dos kami. A gratidão, enfim, não é um fim — é o solo fértil onde a espiritualidade floresce. Onde o humano encontra o divino sem ruído. Onde o instante se revela inteiro. Onde o simples se basta.

Capítulo 29
Caminho da Harmonia

No coração do Xintoísmo vibra uma palavra que não precisa ser dita em voz alta para ser compreendida. Uma palavra que está presente nas florestas silenciosas, nos jardins cuidadosamente arranjados, nos rituais realizados em sincronia, no gesto respeitoso entre duas pessoas que se encontram. Essa palavra é wa — harmonia. Mais que um conceito, wa é um estado. É uma respiração comum entre seres e coisas. É o ritmo que organiza o caos sem anular sua diversidade. É a linha invisível que costura o céu à terra, o indivíduo à comunidade, o gesto ao silêncio. É por meio da harmonia que o mundo se mantém. E é por ela que os kami se fazem presentes.

Viver em harmonia é viver em equilíbrio com tudo o que existe. Não apenas com as pessoas, mas com os espaços, com o tempo, com os ancestrais, com os ritmos naturais. O Xintoísmo não separa os domínios da existência. O que está fora reverbera dentro. O que é feito no corpo afeta o ambiente. O que se pensa ressoa nos vínculos. Por isso, cada ação, por menor que pareça, tem um peso espiritual. O modo como se arruma um cômodo, como se caminha por uma trilha, como se serve uma refeição, como se escuta uma história — tudo isso ou fortalece ou rompe a harmonia.

Essa consciência começa cedo. Desde a infância, o japonês é educado a perceber o impacto de sua presença no coletivo. Aprende-se que não se deve ser um peso para os outros. Que a ordem dos espaços é um reflexo da ordem interior. Que falar em excesso pode ferir o silêncio alheio. Que agir com desatenção perturba o fluxo. Não se trata de repressão — mas de afinação. A alma é afinada como um instrumento. E a harmonia, quando tocada, transforma o ambiente em templo.

Nos santuários xintoístas, essa harmonia é vivida no cuidado extremo com a disposição dos elementos. Nada está ali por acaso. O torii não é apenas portal — é alinhamento. O caminho de pedras não é apenas trilha — é preparação para a entrada no espaço sagrado. A fonte de purificação não está ali por ornamento — é rito para reencontrar o centro. E ao passar por esses espaços com atenção, o devoto sente-se reequilibrado. O mundo interior se organiza pela ordem do mundo exterior. E o corpo, ao desacelerar, volta a escutar o fluxo da vida.

A harmonia também se revela nas relações humanas. O Xintoísmo valoriza profundamente o respeito mútuo, a gentileza discreta, a cooperação silenciosa. O conflito não é negado, mas é tratado com delicadeza. A raiva é reconhecida, mas não amplificada. O desentendimento é acolhido, mas não celebrado. Porque tudo o que desequilibra afasta os kami. E os deuses não descem onde há ruído excessivo. Eles preferem os lugares onde o gesto é claro, onde a palavra é medida, onde o coração é verdadeiro.

Essa ênfase na harmonia faz do Xintoísmo uma espiritualidade relacional. A pessoa não se salva sozinha. Ela se salva ao restaurar os laços. Com a natureza. Com os outros. Com a própria essência. A culpa, aqui, não é sentimento punitivo — é sinal de que algo se desalinharam. A vergonha, nesse contexto, é ferramenta de autopercepção. Quando se percebe que uma atitude feriu a ordem das coisas, busca-se corrigir. Busca-se pedir perdão. Busca-se purificar. Porque a pureza não é apenas física — é harmonia restaurada.

A harmonia com a natureza é outro eixo fundamental. As florestas são preservadas não apenas por razões ecológicas, mas porque são morada dos kami. As montanhas são respeitadas como entidades vivas. Os rios são reverenciados. As pedras são deixadas em seu lugar. O Xintoísmo ensina que mexer no mundo sem escuta é gerar desordem. Que construir em excesso, extrair sem cuidado, consumir sem consciência, é romper o pacto sagrado com a terra. E onde esse pacto é rompido, o vazio se instala. A abundância se esvai. A alma adoece.

Por isso, mesmo nas grandes cidades, há santuários. Pequenos refúgios de harmonia. Espaços onde o som do sino corta o barulho dos carros. Onde o vento sopra sem pressa. Onde a presença dos kami é restauradora. Esses lugares não são apenas memória. São pulmões espirituais. São espaços onde o tempo se alinha de novo. Onde a pressa se dissolve. Onde o humano se lembra de que faz parte de algo maior.

O Xintoísmo ensina também que restaurar a harmonia é sempre possível. Não importa o quanto se tenha errado. O importante é reconhecer. É purificar. É retornar. A impureza não é maldade — é descompasso. E o rito existe para ajudar o ser humano a reencontrar o ritmo. O misogi, a limpeza com água, é mais do que um banho — é gesto de retorno ao estado de fluidez. A água leva o que pesa. E o que se pesa demais, se distancia da leveza dos deuses.

Essa visão influencia até mesmo a estética. A beleza não é simetria. É equilíbrio dinâmico. É ordem que acolhe o imprevisto. Um arranjo floral, por exemplo, é feito considerando o vazio entre os elementos. Um jardim não busca controlar a natureza — mas realçá-la. Um ambiente bem cuidado não é aquele onde tudo brilha, mas aquele onde tudo respira em conjunto. E essa respiração, quando partilhada, se torna experiência espiritual.

A harmonia também é cultivada nas estruturas sociais. A organização das comunidades, o respeito aos anciãos, a responsabilidade compartilhada nas tarefas públicas, tudo isso reflete a espiritualidade da convivência. Nos festivais, essa harmonia se manifesta na cooperação entre vizinhos, na dança coletiva, na divisão dos alimentos, na celebração comum da vida. O kami é invocado, não como propriedade de um, mas como presença para todos. E o bem-estar de um bairro é visto como bem-estar de todos.

Nos tempos de crise, essa cultura da harmonia mostra sua força. Em tragédias naturais, em momentos de escassez, o povo se une. Organiza-se. Coopera. Silencia. Espera. Ajuda. Não porque se exige — mas porque se aprendeu, desde cedo, que o equilíbrio é construído junto. E que o sofrimento, quando partilhado, pesa menos. E que a dor, quando reconhecida, pode gerar compaixão.

Restaurar a harmonia, quando ela é quebrada, exige coragem. Exige humildade. Exige escuta. Exige silêncio. Mas o Xintoísmo não abandona quem erra. Ele oferece caminhos. Caminhos de reconciliação. Caminhos de purificação. Caminhos de retorno. E quem retorna, com sinceridade, encontra novamente os deuses. Porque os kami são pacientes. Eles esperam. Eles observam. Eles acolhem.

Viver o Caminho da Harmonia é viver com consciência expandida. É perceber que cada ação vibra. Que cada palavra constrói ou destrói. Que cada escolha ecoa. E por isso, o praticante xintoísta busca, em tudo, o equilíbrio. Não perfeição. Mas ajuste contínuo. Como o barco que corrige seu curso a cada onda. Como a árvore que se curva ao vento, mas não se quebra.

A verdadeira força da harmonia reside na sua suavidade persistente. Ela não impõe, mas convida. Não força, mas sustenta. E por isso, muitas vezes, passa despercebida — como o alicerce que mantém em pé a casa, como a respiração que dá vida ao corpo. O praticante que vive atento a esse princípio entende que a harmonia não é um estado fixo, mas um processo vivo de escuta e resposta. Cada dia, cada situação, exige um novo gesto de afinação: um silêncio a mais, uma palavra a menos, uma escolha que considere não só o próprio bem, mas o bem de todos os que compartilham o mesmo espaço. A harmonia, assim, torna-se bússola espiritual.

Esse modo de viver, pautado na consciência relacional, transforma o modo como se reage ao mundo. Ao invés de reagir com impulsividade, aprende-se a responder com presença. Ao invés de se impor, busca-se compreender. Não se trata de anular os próprios desejos, mas de colocá-los em diálogo com o todo. A raiva encontra escuta. A frustração encontra cuidado. A alegria encontra partilha. A harmonia não é anestesia emocional — é alquimia. Ela transforma sem apagar. Educa sem reprimir. E, nesse processo, o ser humano se torna não apenas praticante de uma tradição espiritual, mas presença pacificadora no mundo.

Viver o caminho da harmonia é, portanto, uma escolha diária por um modo de existir que une, acolhe, reequilibra. É o cultivo de uma vida que não busca controle, mas conexão. Onde o erro não é falha definitiva, mas oportunidade de retorno. Onde a beleza nasce do respeito, e a ética brota do afeto. Nesse caminho, o praticante compreende que não há gesto pequeno demais para restaurar a ordem do mundo. Que basta um olhar atento, um passo consciente, um coração aberto — e a presença dos kami floresce.

Capítulo 30
Eternidade dos Kami

No Xintoísmo, o tempo não é uma linha reta que separa passado, presente e futuro. Ele é círculo, espiral, respiração cósmica. Ele pulsa em ciclos: das estações, das gerações, das vidas. E dentro desses ciclos, há uma permanência. Uma continuidade silenciosa que não depende da matéria, nem da memória. Uma presença que se mantém, mesmo quando os olhos humanos já não veem. Os kami, deuses da natureza, das forças e dos antepassados, não desaparecem. Eles permanecem. Não em corpos, não em formas fixas, mas em espírito. Em essência. Em vibração. Porque no Xintoísmo, o sagrado é eterno.

Essa eternidade não é uma ideia abstrata. Ela é vivida em rituais, em gestos, em paisagens, em laços. Ela se expressa na reverência constante aos ancestrais, nos santuários que atravessam séculos, nas árvores sagradas que testemunharam gerações inteiras passando sob sua sombra. O tempo, nesses espaços, parece suspenso. A pedra do altar é a mesma há quinhentos anos. O sino, tocado ao amanhecer, ressoa como ressoava há séculos. O torii, atravessado em silêncio, abre o mesmo portal entre os mundos. Nada mudou.

Tudo permanece. Porque tudo está em estado de continuidade.

A ideia de que os ancestrais tornam-se kami após a morte é uma das mais profundas expressões dessa eternidade. Não se trata de crença em reencarnação, nem de uma teologia da alma. Trata-se de um reconhecimento: o que foi vivido com pureza, com sinceridade, com retidão, permanece. Aquele que viveu com makoto não desaparece. Torna-se presença. Torna-se influência silenciosa. Torna-se espírito protetor. Torna-se kami.

Essa transformação não é privilégio de alguns. Ela está ao alcance de todos. O Xintoísmo ensina que qualquer pessoa, ao viver com virtude, pode ser lembrada com reverência. Pode tornar-se fonte de inspiração, de proteção, de orientação. O avô que cuidou da família. A mãe que rezava diante do kamidana. O ancião da vila que preservava os rituais. O agricultor que respeitava a terra. Todos eles, ao partirem, não se vão. Permanecem. Não como sombra, mas como luz.

Essa luz é acesa em cada altar doméstico, em cada oferenda de arroz, em cada flor deixada diante de uma sepultura. A memória não é um fardo — é uma ponte. E o espírito do ancestral não exige adoração, apenas reconhecimento. O respeito dado ao passado é semente de futuro. E assim, o tempo se curva sobre si mesmo. E o presente se enriquece com a presença de quem veio antes.

Nos rituais de culto ancestral, a eternidade se faz tangível. Ao nomear os mortos em voz alta, ao recitar palavras de gratidão, ao oferecer água, incenso e alimento, o praticante se coloca diante do mistério do tempo. E nesse gesto simples, ele compreende que não está só. Que sua vida é continuação. Que seu sangue carrega histórias. Que seus gestos repercutem em gerações futuras. Ele torna-se elo. E o elo, quando consciente, é sagrado.

Essa visão também oferece um modo diferente de compreender a morte. No Xintoísmo, ela não é ruptura definitiva. Ela é transição. A dor da perda existe, mas não paralisa. O luto é vivido com reverência, com silêncio, com limpeza. O corpo é cuidado, o espírito é guiado. E a lembrança é cultivada. O altar com o nome do falecido permanece. As visitas ao túmulo se tornam encontros. O espírito não é chamado — ele já está ali. E o que se oferece é gratidão.

A eternidade dos kami também se manifesta na natureza. As montanhas, os rios, os ventos, as estrelas — tudo isso são expressões do sagrado contínuo. A pedra não envelhece. O mar não cessa. O céu não desaparece. Eles mudam, mas permanecem. E o ser humano, ao reconhecer isso, alinha-se a um tempo maior. Deixa de viver apenas para o imediato. Passa a respeitar os ciclos, a honrar o que veio antes, a cuidar do que virá depois.

Esse cuidado é um modo de eternizar a própria existência. Não com monumentos, não com fama, mas com ações. O Xintoísmo ensina que viver bem é viver de forma que sua presença faça diferença. Que seu gesto inspire. Que seu nome desperte respeito. Que sua passagem pela terra deixe uma trilha de harmonia. E quando isso acontece, a morte não é fim — é retorno.

Retorno ao grande ciclo. Retorno ao fluxo dos kami. Retorno ao campo invisível de onde tudo veio e para onde tudo vai.

Por isso, os deuses não envelhecem. Eles não morrem. Eles se transformam, se deslocam, se recolhem. Mas permanecem. Em cada flor que desabrocha, em cada raio de sol que aquece, em cada brisa que toca o rosto com ternura. O mundo é cheio de kami porque o mundo é cheio de vida. E onde há vida vivida com reverência, há eternidade.

Essa percepção transforma a forma como se vive. Não se age apenas para si. Age-se com consciência de que cada atitude ressoa. O bem praticado se perpetua. O cuidado gera raízes. A gratidão abre caminhos. E assim, mesmo os gestos mais simples — como varrer um templo, como cuidar de um jardim, como ajudar um vizinho — tornam-se sementes de eternidade.

O tempo humano é breve. Mas o que se faz com verdade permanece. O Xintoísmo não promete vida eterna em outro mundo. Ele convida a construir eternidade aqui. No que se toca, no que se oferece, no que se deixa. A imortalidade, neste caminho, não é fuga da morte. É continuidade da presença. E quem vive com consciência dessa continuidade, vive com mais leveza, com mais profundidade, com mais paz.

A eternidade dos kami é também um chamado. Um chamado a viver de forma que a vida continue além do corpo. De forma que o nome seja lembrado com afeto. De forma que a presença faça falta. De forma que o espírito se torne luz. Não por vaidade. Mas por devoção. Por humildade. Por desejo sincero de deixar o mundo melhor do que se encontrou.

Essa consciência de eternidade, tão presente no Xintoísmo, dissolve o medo da morte sem negar sua dor. O fim de uma vida não é desaparecimento — é transformação. E ao aceitar essa transformação com reverência, o ser humano aprende a acolher também as pequenas mortes do cotidiano: o fim de um ciclo, a perda de um vínculo, a mudança de uma paisagem interior. Tudo o que se vai, permanece de algum modo. Tudo o que silencia, ecoa em outros planos. E assim, a vida deixa de ser uma linha que corre para um ponto final, e passa a ser um círculo que se expande. Um fluxo que se renova.

Viver com essa percepção muda o modo de estar no mundo. As escolhas se tornam mais conscientes, os vínculos mais profundos, os gestos mais significativos. Porque cada palavra pode ecoar além do instante, cada ação pode se inscrever no tempo. A eternidade dos kami não é estática — é continuidade viva. É o que se mantém através do cuidado, da memória, da intenção. E quando se compreende que cada instante é semente de permanência, não há mais espaço para o desperdício da existência. O presente se torna solo sagrado. O agora se torna altar.

Nesse sentido, a eternidade não está no além — está no entre. Entre gerações, entre mundos, entre um gesto e outro. O praticante que vive com consciência dessa presença sutil compreende que o espírito não termina com a morte, mas se transforma em influência silenciosa, em vento que guia, em lembrança que consola. E assim, o ciclo se fecha e recomeça, em paz. Porque a vida, quando vivida com makoto, não precisa durar para sempre — basta que tenha sido inteira.

Capítulo 31
Sabedoria dos Ciclos

No Xintoísmo, nada é fixo. Nada é estático. Nada permanece como foi. O que floresce, um dia cairá. O que começa, um dia findará. Mas o fim nunca é término absoluto — é transição. É ponto de inflexão no grande movimento que conduz todas as coisas. O universo não se move em linha reta. Ele respira. Ele gira. Ele retorna. E nesse retorno incessante, o ser humano encontra não a monotonia da repetição, mas a sabedoria profunda da renovação. Essa é a sabedoria dos ciclos. Uma sabedoria que não se aprende em livros, mas se absorve pela convivência com a natureza, com o tempo, com a própria vida.

As estações do ano são expressão dessa sabedoria. A primavera chega com sua promessa de renascimento. O verão expande tudo. O outono recolhe. O inverno silencia. E cada fase, mesmo efêmera, é plena em sua verdade. O erro moderno é querer fixar-se em uma única estação. Querer apenas o calor, apenas a luz, apenas o florescer. Mas o Xintoísmo ensina que há beleza em cada fase. Que a folha caída tem tanto valor quanto o botão que desponta. Que a neve que cobre a terra não é ausência de vida — é repouso fértil. E que o frio prepara o florescer.

Esse ensinamento se estende à vida humana. Há tempos de expansão e tempos de recolhimento. Tempos de criação e tempos de espera. Tempos de alegria intensa e tempos de dor profunda. Todos fazem parte do mesmo fluxo. A tentativa de resistir ao ciclo é o que gera sofrimento. A sabedoria está em confiar. Confiar que a dor passará. Que a luz retornará. Que o coração encontrará novo compasso. E essa confiança não é passividade. É alinhamento. É aceitação ativa. É escuta do ritmo maior que conduz tudo.

A infância, a juventude, a maturidade e a velhice são estações da alma. Cada uma carrega seu brilho. Cada uma tem seu peso. E o Xintoísmo convida a honrar todas elas. A infância com sua pureza e frescor. A juventude com sua ousadia. A maturidade com sua força silenciosa. A velhice com sua sabedoria acumulada. Nenhuma é superior. Nenhuma é inferior. Todas são expressões do kami em movimento. E quem vive cada uma delas com reverência, vive de forma plena.

Essa consciência cíclica também muda a forma como se vê o fracasso, a perda, o erro. Nada disso é definitivo. Tudo pode ser refeito. Recomeçado. Purificado. No Xintoísmo, a ideia de harae, a purificação, permite que o ser humano se liberte do peso do passado. Não se trata de apagar — trata-se de limpar. De soltar. De deixar ir. O erro reconhecido e purificado torna-se semente de acerto. A dor acolhida torna-se fonte de compaixão. A perda vivida com verdade abre espaço para o novo.

Nos ritos e festivais, essa sabedoria se manifesta com beleza. O Shōgatsu, o Ano Novo japonês, não é apenas festa — é rito de renovação. As casas são limpas. Os amuletos do ano anterior são queimados. Os primeiros raios do sol do novo ano são saudados com silêncio e reverência. Tudo começa de novo. E esse recomeço é vivido não como obrigação, mas como bênção. Porque viver é ter a chance de tentar outra vez. De ser um pouco melhor. De andar com mais verdade.

O Xintoísmo ensina que a dor também faz parte do caminho. Que o sofrimento não é punição. É passagem. É parte da depuração que antecede o florescer. A flor de cerejeira, símbolo máximo da beleza japonesa, é tão admirada justamente porque dura pouco. Sua beleza está na efemeridade. E assim é com tudo na vida. O amor. A juventude. A presença de alguém querido. Tudo é temporário. Mas nada é em vão. O que foi vivido com intensidade permanece, mesmo depois que se vai.

A sabedoria dos ciclos também se expressa na relação com a natureza. O agricultor que planta sabe esperar. Ele não força o tempo. Ele respeita a terra. Ele sabe que a semente tem seu ritmo. Que o broto precisa de sol e sombra. Que a colheita só chega para quem cuida com paciência. O praticante do Xintoísmo aprende com o campo. Aprende a confiar. Aprende a trabalhar sem apego. Aprende a colher com gratidão. Porque tudo o que vem, vem do kami. E tudo o que vai, também retorna a ele.

Essa visão gera uma ética de presença. A pessoa deixa de viver em busca do futuro ideal. Passa a habitar o agora com reverência. O presente, por mais comum que pareça, é o único tempo onde o sagrado se revela. A caminhada até o templo, o som da chuva no telhado, o chá bebido em silêncio, o gesto de varrer o chão — tudo é rito. Tudo é ciclo. Tudo é oportunidade de viver com atenção.

O Xintoísmo não oferece promessas de eternidade imutável. Oferece a eternidade dos ciclos. A certeza de que tudo retorna. De que a luz volta. De que a vida se renova. E essa certeza não exige fé cega. Exige olhos abertos. Coração presente. Corpo desperto. E esses são atributos que qualquer pessoa pode cultivar, em qualquer lugar, a qualquer tempo.

Nas fases difíceis, essa sabedoria é escudo. Quando tudo parece estagnado, o praticante lembra: nada permanece. O que hoje pesa, amanhã se dissolve. O que hoje escurece, amanhã clareia. A roda gira. A maré muda. O vento sopra. E o kami, silencioso, acompanha. Não impõe. Não apressa. Mas sustenta. E essa sustentação, mesmo invisível, é força real.

Viver os ciclos com sabedoria é viver com humildade. É reconhecer que não se controla tudo. Que não se possui nada. Que tudo o que vem é presente. E tudo o que vai, leva consigo uma parte do que foi aprendido. A perda não é vazio — é espaço para o novo. O fim não é derrota — é convite à transformação. O cair das folhas não é morte — é preparação para outro florescer.

Assim, o Xintoísmo conduz o praticante a uma vida mais serena. Não por ausência de desafios, mas por confiança no fluxo. Por presença nos instantes. Por gratidão mesmo no silêncio. E por alegria não ruidosa, mas constante. Porque quem vive com consciência dos ciclos, aprende a dançar com a vida. A andar com os deuses. A repousar no ritmo da existência.

O reconhecimento dos ciclos como expressão do divino também ensina a viver com mais compaixão — não só consigo, mas com os outros. Quando se compreende que cada pessoa atravessa suas próprias estações, torna-se mais fácil acolher suas fragilidades, seus invernos, suas pausas. A pressa cede lugar à escuta. A cobrança se transforma em cuidado. O julgamento dá espaço à compreensão. O erro do outro já não é visto como falha imperdoável, mas como parte de um caminho em formação, como semente que ainda há de florescer em seu tempo. Ninguém é sempre verão, ninguém está livre dos ventos do outono. E essa consciência partilhada gera vínculos mais ternos, mais humanos, mais verdadeiros.

Ao viver com essa percepção sutil, tudo ganha novo valor. Os instantes deixam de ser meros degraus para algo maior e passam a ser o próprio lugar da revelação. O cotidiano se torna expressão sagrada. Cozinhar, caminhar, cuidar da casa, ouvir alguém, chorar, rir, descansar — tudo se entrelaça no fio invisível que conecta o humano ao sagrado. O praticante do Xintoísmo aprende a honrar esses fios. Não busca fugir do mundo, mas mergulhar nele com presença. Viver os ciclos é, nesse sentido, aceitar-se parte da dança universal. Não como espectador, mas como participante. Como folha que cai, como flor que nasce, como vento que sopra e, ao passar, transforma.

E é nesse fluxo contínuo que se encontra uma forma mais plena de existir — não aquela baseada em certezas rígidas ou metas fixas, mas uma existência que se molda com o tempo, como água que aprende o contorno da pedra. A sabedoria dos ciclos não é fórmula, é vivência. Não é doutrina, é experiência sentida. Ela convida, silenciosamente, à escuta profunda da vida. E quem ouve esse chamado aprende que há beleza mesmo na perda, sentido mesmo no silêncio e caminho mesmo quando não se vê estrada. Porque tudo retorna. E nesse retorno, o ser se refaz.

Capítulo 32
O Legado Vivo

O Xintoísmo não é um eco do passado. Ele não está guardado em vitrines, nem pertence apenas aos livros antigos. Ele não dorme sob as cinzas da história, nem repousa em templos esquecidos. O Xintoísmo vive. Respira. Cresce. Se revela no gesto mais simples, no silêncio mais profundo, na vida mais cotidiana. Ele não precisa de conversão, nem de dogmas, nem de discursos. Basta um olhar atento, um coração sincero, uma presença desperta. Porque os kami, os deuses silenciosos da criação, continuam entre nós. Não se afastaram. Apenas esperam.

Esperam ser reconhecidos no brilho da água, na firmeza de uma montanha, no sussurro do vento. Esperam ser saudados com respeito, não com palavras complexas, mas com atitudes verdadeiras. Eles não exigem rituais perfeitos — aceitam o gesto imperfeito feito com verdade. O Xintoísmo é isso: uma espiritualidade que não impõe. Convida. Que não exige. Inspira. Que não fala alto. Mas quando escutada, transforma.

Esse legado não é propriedade exclusiva do povo japonês. Ele nasceu no Japão, sim. Criou raízes em sua terra, em sua cultura, em seu modo de viver. Mas suas verdades são universais. Todo ser humano pode viver com reverência. Todo coração pode cultivar a pureza. Toda alma pode aprender a ver o sagrado no mundo natural. Todo lar pode tornar-se altar. Todo dia pode ser vivido como rito. E quando isso acontece, o Xintoísmo deixa de ser uma religião estrangeira — torna-se caminho interior.

Esse caminho não exige que o praticante abandone outras crenças. Ele não concorre. Não disputa. Não condena. Ele acolhe quem caminha com sinceridade. Quem deseja viver com gratidão. Quem reconhece a beleza do mundo. Quem age com respeito. Quem escuta com atenção. O Xintoísmo não tem sede central. Não tem profeta. Não tem livro de mandamentos. Tem montanhas. Tem rios. Tem o ciclo das estações. Tem a luz do sol e a sombra das árvores. E tem o coração humano, onde cada gesto pode ser sagrado.

O legado do Xintoísmo é o legado da harmonia. Com o mundo. Com os outros. Consigo mesmo. Viver bem é viver em equilíbrio. É respeitar os limites. É cuidar do que se tem. É agradecer pelo que chega. É aceitar o que vai. É honrar os ancestrais. É proteger os que virão. O tempo, no Xintoísmo, não é pressa. É continuidade. E quem compreende isso, vive sem medo. Porque sabe que o que é verdadeiro nunca se perde. Apenas se transforma.

Esse ensinamento se faz presente no modo como se vive o cotidiano. Na forma como se entra em casa. Como se arruma a mesa. Como se saúda o dia. Como se recolhe à noite. Nada é banal. Tudo é ocasião de presença. O mundo, visto com os olhos do Xintoísmo, é templo. E viver nesse mundo é, por si, uma forma de oração.

Os santuários, mesmo os mais pequenos, continuam recebendo visitantes. Os sacerdotes continuam realizando os ritos. As miko ainda dançam. As pessoas ainda batem palmas, ainda curvam-se diante dos torii, ainda deixam oferendas, ainda pedem proteção, ainda agradecem. E mesmo aqueles que não nasceram no Japão, que nunca visitaram um templo, que talvez nem saibam o nome dos kami, podem participar desse fluxo. Porque o sagrado, quando vivido com verdade, se manifesta em qualquer lugar.

O kamidana, o altar doméstico, pode ser erguido em qualquer lar. Basta um espaço limpo. Um gesto de intenção. Um ramo de planta. Um copo com água. Um momento de silêncio. E ali, entre quatro paredes, o invisível se aproxima. A presença dos deuses não depende de geografia. Depende de pureza. Depende de sinceridade. Depende de gratidão.

O Xintoísmo ensina que viver bem não é acúmulo. É conexão. Que ter muito não é garantia de paz. Mas viver com respeito sim. Que o mundo natural não é obstáculo — é espelho. E que a espiritualidade verdadeira não se proclama — se vive. Em silêncio. Com beleza. Com harmonia.

Esse legado está disponível a quem quiser. Não precisa de título. Não precisa de iniciação. Precisa apenas de vontade de viver com mais verdade. De escutar o vento. De respeitar o tempo. De cuidar da vida. De manter o coração aberto. E quando essa escolha é feita, os kami se aproximam. Porque eles reconhecem o magokoro — o coração verdadeiro. Eles não se impressionam com a aparência. Mas se alegram com a integridade.

O Xintoísmo não acabou. Ele não enfraqueceu. Ele não desapareceu. Ele apenas continua sendo o que sempre foi: uma via silenciosa para o sagrado. Uma presença contínua no cotidiano. Uma lembrança de que viver pode ser mais leve, mais belo, mais puro. E que cada passo, quando dado com reverência, é também passo dado com os deuses.

Esse é o legado. Um modo de caminhar. Um jeito de viver. Uma sensibilidade. Um silêncio que cura. Uma beleza que não exige. Uma pureza que transforma. Um caminho que nunca termina. Porque o Caminho dos Kami está sempre recomeçando. Em cada gesto. Em cada estação. Em cada coração que escolhe viver com sinceridade.

A vitalidade do Xintoísmo não reside apenas na preservação de seus ritos ou na repetição de suas práticas — ela pulsa na forma como transforma o olhar. O praticante atento começa a ver com outros olhos, não porque aprendeu algo novo, mas porque passou a lembrar-se do que, em algum nível, sempre soube. A reverência diante da chuva, o respeito silencioso por uma pedra antiga, a gratidão por um alimento simples — tudo isso brota não de uma regra, mas de um reconhecimento: o mundo é habitado por presenças sutis, e tudo merece cuidado. Essa mudança de olhar não exige esforço dramático. Ela se insinua. Acontece nas dobras do dia, no ritmo do corpo, na escuta do tempo.

É por isso que o Xintoísmo, mesmo discreto, deixa marcas profundas. Ele não busca ocupar espaço, mas gerar sentido. Não pretende dominar, mas despertar. Seu legado vive onde há alguém disposto a viver com intenção. Não importa se num templo entre montanhas ou num apartamento urbano; se entre as árvores ancestrais ou entre muros de concreto — o que importa é a qualidade do gesto. A consciência com que se vive. A nobreza da simplicidade. E, sobretudo, o cultivo do magokoro, esse coração verdadeiro que não se exibe, mas se oferece. Onde esse coração floresce, o caminho está presente. E é ali que os kami se aproximam, não como figuras distantes, mas como parte inseparável da vida que pulsa.

Seguir esse caminho é aceitar que o sagrado não está longe, nem escondido — está aqui, agora, acessível a quem quiser ver. Ele se revela no cuidado silencioso com as coisas pequenas, no respeito por aquilo que não se entende, na gratidão pelo que simplesmente é. O legado do Xintoísmo não precisa ser carregado como uma bandeira. Ele se transmite no modo de estar no mundo. É herança viva. E como todo o que vive, ele continua se movendo, crescendo, encontrando novos espaços, novas formas, novos corações onde florescer.

Epílogo

Ao chegar ao fim desta jornada, algo em você mudou. Talvez imperceptível aos olhos, mas nítido à alma. Como a flor de cerejeira que cai em silêncio e, mesmo assim, transforma o chão sobre o qual repousa — assim também as palavras, os ritos, os gestos e os kami apresentados aqui pousaram suavemente sobre o seu mundo interior. E agora, tudo vibra de maneira diferente.

O que você leu não foi um manual, nem um tratado. Foi uma revelação. Um chamado sutil à presença. E mais que isso: foi uma lembrança. Porque, no fundo, você já sabia. Sabia que existe algo sagrado no modo como a brisa toca o rosto, no modo como a água escorre entre os dedos, no som do silêncio entre as palavras. O Xintoísmo apenas devolveu a você esse saber esquecido, adormecido sob camadas de pressa, ruído e lógica.

Você aprendeu, ao longo das páginas, que o sagrado não está separado do cotidiano. Que o divino não habita somente templos, mas mora nos gestos simples, nos objetos puros, nos instantes sinceros. Aprendeu que a espiritualidade não precisa de promessas, mas de prática; não de fé cega, mas de magokoro — o coração verdadeiro.

Se chegou até aqui, não o fez apenas como leitor. Tornou-se peregrino. E cada capítulo foi um passo em direção a um novo modo de estar no mundo. Você atravessou portais, reverenciou deuses ancestrais, contemplou festivais como celebrações da vida e da impermanência. Sentiu que a pureza não é conceito moralista, mas estado vibracional. Compreendeu que oferendar não é dar, mas agradecer por já ter recebido. E, talvez o mais importante: reconheceu que não há separação entre você e o mundo. Que tudo o que é, é junto.

Essa espiritualidade que pulsa em cada rito, dança, prece ou som sagrado, agora pulsa também em você. E isso não pode ser desfeito.

O Japão, com sua reverência silenciosa e seu senso estético impregnado de sacralidade, não é apenas um país — é um espelho. Um reflexo do que acontece quando um povo inteiro decide viver com atenção, com gratidão, com respeito à natureza e ao invisível. É um lembrete vivo de que a verdadeira prosperidade não é medida apenas em cifras ou conquistas, mas em harmonia com o que nos transcende.

E essa harmonia começa, como vimos, em casa. No altar doméstico onde a água é renovada com cuidado. Na limpeza feita não apenas para higienizar, mas para purificar. No ato de comer com reverência. No olhar lançado ao céu ao amanhecer. O mundo inteiro, então, se revela como um santuário. E cada vida, como uma oferenda em construção.

Ao internalizar os ensinamentos deste livro, você não está apenas absorvendo uma sabedoria estrangeira.

Está resgatando uma sensibilidade esquecida — uma forma ancestral de viver em comunhão com tudo o que respira, cresce, flui e se transforma. Está assumindo um novo compromisso: o de escutar o mundo com mais delicadeza, de agir com mais presença, de existir com mais gratidão.

Porque agora você sabe:
O vento não sopra à toa.
A pedra não está ali por acaso.
O silêncio não é vazio.
E você...
... você é ponte entre mundos.

Os kami estão por toda parte — mas não gritam. Eles esperam. Esperam o gesto certo, a postura respeitosa, o coração alinhado. Esperam por você em cada manhã, em cada ato de gentileza, em cada palavra dita com verdade. E, sabendo disso, você se torna parte ativa do grande campo sagrado que sustenta o universo.

Nada termina aqui. Pelo contrário: agora começa o que é essencial.

Permita-se retornar aos capítulos anteriores como quem revisita um jardim: a cada estação, ele revela novas flores. O mesmo acontecerá com este livro. Quanto mais você se transforma, mais ele revelará. Porque a sabedoria contida nestas páginas não é linear — é cíclica, viva, orgânica.

Você pode fechar o livro. Mas não pode mais fechar os olhos.

O som do sino ainda ecoa. A brisa ainda carrega mensagens. A flor ainda cai em silêncio.

E você, que agora sabe ouvir o invisível, já não caminha só.

www.ingramcontent.com/pod-product-compliance
Lightning Source LLC
LaVergne TN
LVHW040051080526
838202LV00045B/3589